essentials

Essentials liefern aktuelles Wissen in konzentrierter Form. Die Essenz dessen, worauf es als „State-of-the-Art" in der gegenwärtigen Fachdiskussion oder in der Praxis ankommt. Essentials informieren schnell, unkompliziert und verständlich.

- als Einführung in ein aktuelles Thema aus Ihrem Fachgebiet
- als Einstieg in ein für Sie noch unbekanntes Themenfeld
- als Einblick, um zum Thema mitreden zu können.

Die Bücher in elektronischer und gedruckter Form bringen das Expertenwissen von Springer-Fachautoren kompakt zur Darstellung. Sie sind besonders für die Nutzung als eBook auf Tablet-PCs, eBook-Readern und Smartphones geeignet.

Essentials: Wissensbausteine aus den Wirtschafts, Sozial- und Geisteswissenschaften, aus Technik und Naturwissenschaften sowie aus Medizin, Psychologie und Gesundheitsberufen. Von renommierten Autoren aller Springer-Verlagsmarken.

Christoph Butterwegge

Reichtumsförderung statt Armutsbekämpfung

Eine sozial- und steuerpolitische Halbzeitbilanz der Großen Koalition

 Springer VS

Christoph Butterwegge
Universität zu Köln
Köln
Deutschland

ISSN 2197-6708 ISSN 2197-6716 (electronic)
essentials
ISBN 978-3-658-11453-4 ISBN 978-3-658-11454-1 (eBook)
DOI 10.1007/978-3-658-11454-1

Die Deutsche Nationalbibliothek verzeichnet diese Publikation in der Deutschen Nationalbibliografie; detaillierte bibliografische Daten sind im Internet über http://dnb.d-nb.de abrufbar.

Springer VS
© Springer Fachmedien Wiesbaden 2016

Gedruckt auf säurefreiem und chlorfrei gebleichtem Papier

Springer Fachmedien Wiesbaden ist Teil der Fachverlagsgruppe Springer Science+Business Media
(www.springer.com)

Was Sie in diesem Essential finden können

- Aussagen zur wachsenden Spaltung in Arm und Reich sowie zu deren Ursachen;
- eine Kritik am Umgang mehrerer Bundesregierungen mit diesem Problem;
- eine sprachkritische Analyse des Koalitionsvertrages von CDU, CSU und SPD;
- eine Darstellung und Bewertung des Rentenpaketes der Großen Koalition, der Mindestlohngesetzung und der jüngsten Erbschaftsteuerreformen.
- Vorschläge zu einer wirtschafts-, finanz- und sozialpolitischen Kurskorrektur der Regierung.

Inhaltsverzeichnis

Einleitung

Nach der Bundestagswahl vom 22. September 2013, drei Sondierungsgesprächen und längeren, am 27. November desselben Jahres beendeten Koalitionsverhandlungen zwischen CDU, CSU und SPD stimmten die zuständigen Parteigremien der Union sowie die Sozialdemokrat(inn)en im Rahmen einer Mitgliederbefragung mehrheitlich für die neuerliche Bildung einer Großen Koalition. Die drei Parteivorsitzenden Angela Merkel, Horst Seehofer und Sigmar Gabriel unterzeichneten daraufhin am 16. Dezember 2013 den anspruchsvoll „Deutschlands Zukunft gestalten" überschriebenen Koalitionsvertrag. Da die SPD seither zum dritten Mal nur Juniorpartnerin der Union war, die rechnerische Mehrheit also nicht in eine Regierungsmehrheit mit Bündnis 90/Die Grünen und der LINKEN umgemünzt hatte, musste sie hinsichtlich ihrer noch im Bundestagswahlkampf lautstark beschworenen Zielsetzungen deutlich zurückstecken, bestimmte mit der Forderung nach einem allgemeinen gesetzlichen Mindestlohn jedoch scheinbar die politische Agenda.

Weniger als zwei Jahre später verkündeten CDU, CSU und SPD stolz, einen Großteil ihres gemeinsamen Programms für die 18. Legislaturperiode bereits verwirklicht zu haben. Daher ist es an der Zeit, eine vorläufige Bilanz der Regierungsarbeit zu ziehen, wobei hier die sozialpolitische Gretchenfrage im Mittelpunkt steht, wie es CDU, CSU und SPD mit der Armut sowie der Herkulesaufgabe ihrer wirksamen Bekämpfung im wohlhabenden, wenn nicht reichen Deutschland halten.

In der bestehenden Wirtschafts- und Gesellschaftsordnung sind Armut und Reichtum zwei Seiten einer Medaille, also strukturell miteinander verzahnt, weshalb die Erstere nicht durch Zunahme des Letzteren beseitigt werden kann. Anders formuliert: Reichtumsförderung, wie sie die Bundesregierung trotz wechselnder Koalitionen bzw. parteipolitischer „Farbkombinationen" seit Jahrzehnten betreibt, ist keine Armutsbekämpfung.

Hier soll nach einem kurzen Problemaufriss und einer sozialpolitischen Bestandsaufnahme erörtert werden, ob die 2. Große Koalition unter Bundeskanzlerin Angela Merkel für soziale Verwerfungen sensibler als ihre Vorgängerinnen gewesen ist und die Regierungsparteien CDU, CSU und SPD wirksame Maßnahmen gegen Armut und soziale Ausgrenzung ergriffen haben.

Reichtumsförderung statt Armutsbekämpfung – die Grundorientierung aller bisherigen Regierungen

Nimmt man das Sozialstaatsgebot des *Grundgesetzes* (Art. 20 Abs. 1 GG und Art. 28 Abs. 1 Satz 1 GG) ernst, gehört die Armutsbekämpfung zu den zentralen Aufgaben sämtlicher Staatsorgane.[1] Gleichwohl haben bisher alle Bundesregierungen unabhängig von ihrer parteipolitischen Couleur die Armut im reichen Deutschland geleugnet, verharmlost und verdrängt,[2] sie jedenfalls nicht als Gefahr für den gesellschaftlichen Zusammenhalt gebrandmarkt, der man konsequent entgegenwirken muss. Aufgrund der „Vielschichtigkeit" des Armutsbegriffs entziehe sich dieser einer allgemeingültigen Definition, argumentierte man, und fügte bis Ende der 1990er-Jahre hinzu, wegen des Rechtsanspruchs auf Leistungen der Sozialhilfe werde Armut hierzulande am Entstehen gehindert bzw. staatlicherseits wirksam bekämpft.[3]

Wohlfahrtsverbände, Gewerkschaften und Kirchen suchten das Kardinalproblem der sozialen Ungleichheit im vereinten Deutschland daher „inoffiziell" zu dokumentieren. Hiervon zeugen entsprechende Berichte der Caritas sowie des DGB, der Hans-Böckler-Stiftung und des Paritätischen Wohlfahrtsverbandes.[4] Auch manche Kommunen und einzelne Länder bauten früher als der Bund eine regelmäßige Berichterstattung zum Thema „Armut" auf, wiewohl es den meisten schwer fiel, das Phänomen als solches offen zu benennen, weshalb die einschlägigen Materialsammlungen häufig verschämt „Sozialberichte" genannt wurden. Auf

---

[1] Vgl. Butterwegge (2014, S. 11 ff.).

[2] Vgl. Butterwegge (2012); ergänzend: Lorke (2015); Stratmann (2015).

[3] Siehe Deutscher Bundestag (1986, S. 10); Antwort der Bundesregierung auf die Große Anfrage der Abgeordneten Konrad Gilges, Gerd Andres, Ernst Bahr, weiterer Abgeordneter und der Fraktion der SPD – Drucksache 13/1527 – Armut in der Bundesrepublik Deutschland, BT-Drs. 13/3339 v. 18.11.1995, S. 2.

[4] Vgl. Paritätischer Wohlfahrtsverband (1989); Hauser und Hübinger (1993); Hanesch et al. (1994, 2000).

© Springer Fachmedien Wiesbaden 2016
C. Butterwegge, *Reichtumsförderung statt Armutsbekämpfung*, essentials,
DOI 10.1007/978-3-658-11454-1_1

zentralstaatlicher Ebene lehnte die damalige CDU/CSU/FDP-Koalition wieder-
holt Anträge der Oppositionsfraktionen ab, denselben Versuch zu unternehmen.
Erst die rot-grüne Koalition legte im April 2001, zweieinhalb Jahre nach dem mit
sehr bald enttäuschten Hoffnungen verbundenen Regierungswechsel, einen Ar-
muts- und Reichtumsbericht vor. Seither wird in unregelmäßigen Abständen, d. h.
nicht unbedingt zur Mitte jeder Legislaturperiode – wie vom Bundestag seinerzeit
beschlossen – regierungsoffiziell dokumentiert, welches Ausmaß die soziale Ungleichheit erreicht hat.

Konzeptionell versuchte man zwar in Anknüpfung an den erreichten For-
schungsstand, Armut qualitativ zu fassen und nicht auf fehlende finanzielle Ressourcen zu reduzieren, stellte den vorherrschenden Gerechtigkeitsbegriff jedoch
aus Legitimationsgründen in Frage. Es komme, wurde behauptet, nicht so sehr
auf die Umverteilung von materiellen Ressourcen, vielmehr auf die Bereitstellung
von „Teilhabe- und Verwirklichungschancen" an.[5] Man rekurrierte damit auf den
Ansatz von Amartya Sen, einem renommierten indischen Ökonomen, der Armut
zwar als Mangel an „Verwirklichungsmöglichkeiten" begreift, ohne jedoch im Geringsten zu bestreiten, dass Letzterer mit einer Knappheit materieller Ressourcen
bzw. monetärer Mittel (Einkommen und Vermögen) verbunden ist: „In einem reichen Land verhältnismäßig arm zu sein kann die Verwirklichungschancen selbst
dann extrem einengen, wenn das absolute Einkommen gemessen am Weltstandard
hoch ist."[6]

Die steigende Armutsquote wurde im 2. Regierungsbericht auf eine vor allem
aus „externen Schocks" wie den Terroranschlägen des 11. September 2001, dem
Irakkrieg, dem Zusammenbruch des IT-Booms und spektakulären Bilanzskan-
dalen von US-Unternehmen resultierende Wachstumsschwäche zurückgeführt.[7]
Schließlich fehlte die Einsicht, dass eine Regierungspolitik der Standortsicherung
die soziale Polarisierung verschärft. Während Kapitaleigentümer, Begüterte und
Spitzenverdiener als Gewinner dieser Form der ökonomischen Modernisierung
immer reicher wurden, gehörten Millionen (Langzeit-)Erwerbslose, Geringverdie-
ner/innen, Wohnungslose, Migrant(inn)en, (chronisch) Kranke, Behinderte, sozial
benachteiligte Familien und Rentner/innen zu den Hauptverlierer(inne)n einer neoliberalen Reformpolitik,[8] deren Höhe- bzw. Tiefpunkt das unter dem Kürzel „Hartz
IV" bekannte *Vierte Gesetz für moderne Dienstleistungen am Arbeitsmarkt* bildete.

---

[5] Deutscher Bundestag (2005, S. 35).

[6] Sen (2003, S. 112).

[7] Deutscher Bundestag (2005, S. 12).

[8] Vgl. hierzu: Butterwegge et al. (2016).

Auch für die im November 2005 gebildete 2. Große Koalition auf Bundesebene war Bildung der „Schlüssel für Teilhabe und Integration", weshalb es im 3. Armuts- und Reichtumsbericht heißt: „Schulische Bildung und berufliche Qualifikation sind die Grundlage für Teilhabe am Arbeitsmarkt und der beste Schutz gegen Arbeitslosigkeit und Einkommensarmut."[9] Man stellte eine „Nationale Qualifizierungsinitiative", die den Fachkräftebedarf der Wirtschaft decken helfen sollte, unter das optimistische Motto „Aufstieg durch Bildung". Zwar kann ein Individuum durch die Beteiligung an (Aus-)Bildungsprozessen einer prekären Lebenslage entkommen, eine gesamtgesellschaftliche Lösung für das Armutsproblem bietet sie allein freilich nicht. Denn wenn *alle* Jugendlichen – nicht bloß jene mit einem Migrationshintergrund – besser gebildet wären, würden sie am Ende womöglich immer noch um die zu wenigen Arbeits- und Ausbildungsplätze konkurrieren, weshalb es am Ende zwar mehr Reinigungskräfte mit Abitur und Taxifahrer mit Hochschulabschluss, aber nicht unbedingt weniger Armut gäbe.

Altersarmut stellte für die Bundesregierung weder im 3. noch im 4. Armuts- und Reichtumsbericht ein aktuelles Problem dar. Während das Stichwort „Kinderarmut" nur in den Fußnoten bzw. den dort aufgeführten Titeln zitierter Fachliteratur auftauchte, wurde Altersarmut als in ferner Zukunft drohende Gefahr heruntergespielt: „Die Einkommens- und Vermögenssituation der Älteren von heute ist überdurchschnittlich gut", hieß es im 4. Armuts- und Reichtumsbericht.[10] Eine solche Aussage ist undifferenziert, beschönigt die Lebenssituation von Millionen älteren Menschen, denen es finanziell schlechter geht als vielen ihrer Altersgenoss(inn)en, verkennt die soziale Ungleichheit zwischen diesen Gruppen und täuscht die Öffentlichkeit über den Trend zur tieferen Spaltung unserer Gesellschaft hinweg.

Wer mit offenen Augen und ohne ideologische Scheuklappen durchs Land geht, kommt zu einem anderen Schluss als die Bundesregierung: Momentan verfestigt sich die Armut und frisst sich in die Mitte der Gesellschaft hinein. In manchen Ballungsgebieten und Boomtowns der Bundesrepublik drastisch steigende Mieten und Energiepreise gefährden sogar den Lebensstandard von Normalverdiener(inne)n und verstärken die Angst vieler Mittelschichtangehöriger vor dem sozialen Abstieg. Die soziale Ungleichheit wächst in erschreckendem Maße, ohne von den politisch Verantwortlichen als gesellschaftlicher Spaltpilz erkannt zu werden. Die soziale Polarisierung dürfte noch zunehmen und der gesellschaftliche Zusammenhalt schwinden, falls keine wirtschafts-, finanz- und sozialpolitische Kurskorrektur erfolgt.

---

[9] Deutscher Bundestag (2008, S. 128).
[10] Deutscher Bundestag (2013, S. 41).

Trotz aller Beschönigungs- und Beschwichtigungsversuche dokumentieren die Armuts- und Reichtumsberichte eine doppelte Spaltung: Erstens wachsen Armut und Reichtum gleichermaßen, sind also zwei Seiten derselben Medaille. Dies zeigt sich besonders deutlich beim Vermögen, das Arme gar nicht haben, weil es sich zunehmend bei wenigen Hyperreichen konzentriert, die über riesiges Kapitaleigentum verfügen und meistens auch sehr große Erbschaften machen. Während die reichsten 10 % der Bevölkerung nach Angaben des 4. Armuts- und Reichtumsberichts der Bundesregierung nicht weniger als 53 % des Nettogesamtvermögens ihr Eigen nennen, muss sich die ärmere Hälfte der Bevölkerung mit 1 % des Nettogesamtvermögens begnügen.[11] Laut einer neueren Untersuchung des Deutschen Instituts für Wirtschaftsforschung (DIW) haben 20,2 % der Bevölkerung keinerlei finanzielle Rücklagen und 7,4 % sogar mehr Schulden als Vermögen.[12] Nicht sehr viel besser steht es um die Gerechtigkeit hinsichtlich der Einkommensverteilung in unserer Gesellschaft. Viele Millionen Menschen leben gewissermaßen von der Hand in den Mund, sind also nur eine Kündigung oder eine schwere Krankheit von der Armut entfernt.

Zweitens geht der wachsende private Reichtum fast zwangsläufig mit öffentlicher Verarmung einher. Während sich das private Nettovermögen allein zwischen 2006 und 2011 um 1,5 Bio. auf gut 10 Bio. € erhöht hat, ist das Nettovermögen des Staates in den letzten beiden Jahrzehnten um mehr als 800 Mrd. € gesunken.[13] Da sich Banker, Broker und Börsianer, insbesondere rücksichtslose Spekulanten, die Taschen gefüllt haben, musste der Staat im Gefolge der jüngsten Finanz-, Wirtschafts- und Währungskrise bluten, öffentliches Eigentum veräußern und mehr Schulden machen, um „Rettungspakete" für Gläubigerbanken, Kapitalanleger und Großaktionäre schnüren zu können.

Aufgrund des Merkel-Dogmas „Keine Steuererhöhungen!" bedeuten im *Grundgesetz*, in den Landesverfassungen und im europäischen Fiskalvertrag festgeschriebene „Schuldenbremsen", also Kreditsperren, die nur wenige Ausnahmen zulassen, bei wachsender Armut und sozialer Unterversorgung größerer Bevölkerungsteile, dass der Wohlfahrtsstaat, wie man ihn bisher kannte, zugrunde gerichtet wird. Schon jetzt sind krasse regionale Disparitäten, unter denen das Ost-West-, das Nord-Süd- sowie das Stadt-Land-Wohlstandsgefälle besonders hervorstechen, unübersehbar.[14]

---

[11] Vgl. Deutscher Bundestag (2013, S. 307).

[12] Vgl. Grabka und Westermeier (2014, S. 153).

[13] Vgl. Deutscher Bundestag (2013, S. 43, 45); Entwurf des 4. Armuts- und Reichtumsberichts der Bundesregierung, Stand: 17.09.2012, S. XXXIX.

[14] Vgl. Der Paritätische Gesamtverband (2015).

Armut, über deren Begriffsdefinition und Existenz hierzulande seit Jahrzehnten verbittert gestritten wird,[15] ist nicht genetisch, sondern ebenso wie privater Reichtum gesellschaftlich bedingt. Nach den sozioökonomischen und politischen *Ursachen* der kaum mehr zu leugnenden Spreizung von Einkommen und Vermögen wird in keinem der bisherigen Armuts- und Reichtumsberichte gefragt. Allenfalls geraten die *Auslöser* persönlicher Notlagen wie Arbeitslosigkeit, Trennung bzw. Scheidung oder (Früh-)Invalidität ins Blickfeld der Berichterstatter.

Gleichwohl hat sich die Bundesregierung damit verpflichtet, den gesellschaftlichen Zusammenhalt zu bewahren und sozialstrukturellen Verwerfungen zu begegnen. Zweifellos könnten Armuts- und Reichtumsberichte die Basis für eine bessere Wirtschafts-, Finanz- und Sozialpolitik der Bundesregierung bilden, wenn sie die „Lebenslagen in Deutschland" nüchtern analysieren, die Ursachen für wachsende Ungleichheit ergründen und richtungweisende, daraus abgeleitete Handlungsempfehlungen enthalten würden. Es fehlt nicht an Daten, von denen die Regierungsberichte ihren Lesern eine beeindruckende und erdrückende Fülle zur Verfügung stellen, sondern an Taten.

Dass zunehmender Reichtum in einem Wirtschafts- und Gesellschaftssystem, welches auf dem Privateigentum an Produktionsmitteln, der Konkurrenz und der Mehrwertproduktion durch Ausbeutung menschlicher Arbeitskraft basiert, zwangsläufig Armut hervorbringt, blieb außer Betracht. Armutsbekämpfung war infolgedessen eine jahrzehntelang sträflich vernachlässigte Regierungsaufgabe. Nur wer Armut und Reichtum als sich zwar individuell auswirkende, aber wechselseitig bedingende Erscheinungsformen einer wachsenden sozialen Ungleichheit erkennt und deren strukturelle Ursachen bekämpft, kann ihren den gesellschaftlichen Zusammenhalt und die Demokratie bedrohenden Auswüchsen wirksam begegnen.

---

[15] Vgl. Schneider (2015).

„Armut" und „Reichtum" im Koalitionsvertrag von CDU, CSU und SPD

2

Schon bei der Bildung einer neuerlichen Großen Koalition wäre es nötig gewesen, die soziale Polarisierung in Deutschland zu thematisieren und ihr anschließend mittels geeigneter Reformen zu begegnen. CDU, CSU und SPD zeigten für das Kardinalproblem unserer Gesellschaft jedoch überhaupt keine Sensibilität. Vielmehr kommt das Wort „Reichtum" im Koalitionsvertrag für die 18. Legislaturperiode auf 185 Seiten nur als „Ideenreichtum" bzw. als „Naturreichtum" und der Begriff „Vermögen" nur als „Durchhaltevermögen" bzw. im Zusammenhang mit der Vermögensabschöpfung bei Kriminellen vor.[1]

„Armut" taucht zwar insgesamt 10-mal im Koalitionsvertrag auf, größtenteils aber missverständlich oder in einem fragwürdigen Zusammenhang. Auf Seite 10 firmiert das Motto „Altersarmut verhindern – Lebensleistung würdigen" als Zwischenüberschrift zur Rentenpolitik der künftigen Regierungskoalition. Darunter heißt es, die sozialen Sicherungssysteme, auf die sich die Menschen in unserem Land verlassen können müssten, schützten vor Armut und seien Ausdruck des Zusammenhalts unserer Gesellschaft. Beide Formulierungen legen den Schluss nahe, dass Altersarmut in Deutschland (noch) nicht existiert, denn von der Notwendigkeit ihrer Bekämpfung, Verringerung oder Beseitigung ist nirgends die Rede.

Später erklären CDU, CSU und SPD: „Die Koalition will den Kampf gegen Bildungsarmut fortsetzen und intensivieren" (S. 33). Während von Kinder- und Jugendarmut an keiner Stelle die Rede ist, erscheint der Begriff „Bildungsarmut", mit dem im Koalitionsvertrag die Alphabetisierungsbemühungen von Bund und Ländern begründet werden, insofern problematisch, als er zur Verwechslung von Ursache und Wirkung geradezu einlädt. Trotz verbreiteter Vorurteile sind Menschen nicht wegen mangelnder Bildung arm (11 % der Beschäftigten im Niedriglohnsektor verfügen über einen Hochschulabschluss), sondern Armut führt zu

---

[1] Vgl. dazu und zum Folgenden: CDU Deutschlands, CSU-Landesleitung und SPD (2013).

© Springer Fachmedien Wiesbaden 2016
C. Butterwegge, *Reichtumsförderung statt Armutsbekämpfung, essentials,*
DOI 10.1007/978-3-658-11454-1_2

ihrer Benachteiligung im Bildungsbereich. Ein schlechter oder fehlender Schulabschluss verringert zwar die Erwerbschancen, wirkt sich aber kaum nachteilig auf den Wohlstand einer Person aus, wenn diese vermögend ist oder Kapital besitzt. Pointiert ausgedrückt: Armut macht zwar dumm, Dummheit indes noch lange nicht arm.

Dem hierzulande vorherrschenden Armutsverständnis gemäß wird das besagte Phänomen hauptsächlich mit der sog. Dritten Welt in Verbindung gebracht. Nicht weniger als 4-mal taucht Armut in diesem Zusammenhang auf, der jedoch verdeckt, dass sie in einem reichen Land wie der Bundesrepublik – wenn auch in anderer, weniger drastisch und dramatisch wirkender Form – gleichfalls existiert und für die davon Betroffenen hier sogar erniedrigender, demütigender und demoralisierender sein kann. Auf S. 34 werden Forschung und Forschungskooperation (besonders mit Afrika) als Instrumente genannt, mit denen der „Teufelskreis von Armut und Krankheit in Entwicklungsländern" durchbrochen werden könne. Folgerichtig setzen CDU, CSU und SPD sich für „nachhaltige Entwicklung und Armutsbekämpfung" (S. 168) dortselbst ein. Ziel der großkoalitionären Entwicklungspolitik sei es, „auf der Grundlage unserer Werte und Interessen (!?) weltweit Hunger und Armut zu überwinden" (S. 180). In den ärmsten Ländern der Erde sollen die Anstrengungen zur „Überwindung von Hunger und Armut" (S. 182) verstärkt werden.

Gleich 3-mal wird (auf S. 108) im Koalitionsvertrag das Wort „Armutswanderung" bzw. „Armutsmigration" verwendet. Gemeint sind Bulgaren und Rumänen, denen man eine „ungerechtfertigte Inanspruchnahme von Sozialleistungen" vorwirft, wodurch deutsche Kommunen übermäßig belastet würden. Auch wenn die sozialen Problemlagen einzelner Großstädte, etwa Mannheims, Duisburgs und Dortmunds, bei der Unterbringung, Existenzsicherung, Gesundheitsversorgung und Integration treffend beschrieben werden, leistete der Koalitionsvertrag rassistischen Ressentiments dadurch Vorschub, dass er der „Migration in die sozialen Sicherungssysteme" entgegentrat, ohne Not und Elend der Herkunftsländer zu erwähnen und zu berücksichtigen, dass die Mehrheit der zugewanderten EU-Bürger/innen teilweise hoch qualifizierte Arbeitskräfte in sozialversicherungspflichtigen Beschäftigungsverhältnissen sind. Wer von Elendsmigration in diffamierender Absicht spricht, sollte von der für das Aufnahmeland profitablen Elitenmigration aber nicht schweigen!

Glaubt man dem Koalitionsvertrag von CDU, CSU und SPD, gibt es in Deutschland gar keine Armut. Vielmehr existiert diese offenbar nur außerhalb unserer westeuropäischen Wohlstandsinsel, es sei denn, sie wird durch Zuwanderer rechtswidrig importiert. Dabei exportiert Deutschland die Armut eher: Durch sein Lohndumping und auf diese Weise drastisch steigende Leistungsbilanzüberschüsse hat es wirtschaftliche Ungleichgewichte erzeugt, die Staaten der südlichen EU-Peripherie veranlassten, ihre wachsenden Importe über Kredite zu finanzieren.[2] So entstand jene „Staatsschuldenkrise", die seither durch sog. Rettungsschirme mehr verwaltet als gelöst wird. Die an Weimar erinnernde, von der Troika aus EU-Kommission, EZB und IWF oktroyierte Austeritätspolitik hat die Arbeitslosen- und Armutsquoten der sog. Krisenländer nach oben getrieben. Dass es allein in der griechischen Hauptstadt Athen heute mehr Obdachlose als in ganz Deutschland gibt, haben seine Regierungen und Kanzlerin Angela Merkel ebenso mit zu verantworten wie die ökonomische Unwucht, deren soziale Folgen sie durch Abschottung gegenüber Migrant(inn)en von der Bundesrepublik fernzuhalten suchen.

Mit dem im Koalitionsvertrag auch von der bisher größten Oppositionspartei bestätigten Merkel-Mantra „Keine Steuererhöhungen – für niemand!" wird die im 4. Armuts- und Reichtumsbericht der schwarz-gelben Koalition wenigstens noch eingeräumte Verteilungsschieflage akzeptiert und das Auseinanderfallen der Gesellschaft forciert. Selbst der Mindestlohn, dessen flächendeckende Einführung die Großkoalitionäre auf Drängen der SPD vereinbart hatten, stand für sie keineswegs im Kontext der Armutsbekämpfung, obwohl der ausufernde Niedriglohnsektor das Haupteinfallstor für heutige Erwerbs- und künftige Altersarmut bildet.

---

[2] Vgl. van Treeck (2014, S. 25 f.).

Das großkoalitionäre Rentenpaket – ein Mittel gegen die Armut im Alter? 3

In der Fach- wie in der Medienöffentlichkeit besteht weder Einigkeit darüber, ob bzw. in welchem Ausmaß gegenwärtig Altersarmut existiert oder ob sie der Gesellschaft in Zukunft droht, noch zeichnet sich ein Konsens darüber ab, wie ihr effektiv begegnet werden kann.[1] In diesem Zusammenhang drängt sich natürlich die Frage auf, ob die Rentenpolitik von CDU, CSU und SPD geeignet ist, einer (Re-)Seniorisierung der Armut zu begegnen bzw. im Sinne von Präventionsmaßnahmen entgegenzuwirken.

3.1 Die kostenträchtigen Rentenpläne und ihr publizistisches Echo

In den Koalitionsverhandlungen von CDU, CSU und SPD spielte die Rentenpolitik neben dem Mindestlohn, der Pkw-Maut für Ausländer/innen, der Energiewende und der doppelten Staatsbürgerschaft für in Deutschland lebende Migrant(inn)en eine Schlüsselrolle. Bereits vor Abschluss ihrer Beratungen am 27. November 2013 hatten sich die Verhandlungsführer/innen der künftigen Regierungsparteien darauf geeinigt, den Beitragssatz zur Gesetzlichen Rentenversicherung nicht – wie gesetzlich vorgeschrieben – zu senken, sondern bei 18,9 % zu belassen, um den finanziellen Spielraum für Reformmaßnahmen zu erweitern. Der großkoalitionäre Beschluss wurde alsbald im Bundesanzeiger verkündet und erst nachträglich mittels des *Beitragssatzgesetzes 2014* legislativ abgesichert.

Winfried Schmähl beklagt, dass der Koalitionsvertrag von CDU, CSU und SPD aufgrund zu vager Formulierungen zur Rentenpolitik viele Fragen offen ließ. Zwar rangierte diese im Prioritätenkatalog der Großen Koalition ganz weit oben, nicht

---

[1] Vgl. hierzu: Butterwegge et al. (2012).

© Springer Fachmedien Wiesbaden 2016
C. Butterwegge, *Reichtumsförderung statt Armutsbekämpfung,* essentials,
DOI 10.1007/978-3-658-11454-1_3

jedoch die Verminderung bzw. Verhinderung von Armut im Alter. „Wie der Gefahr künftig steigender Altersarmut begegnet werden sollte, dazu ist im Vertrag vergleichsweise wenig zu finden, sieht man insbesondere von den Änderungen im Falle von Erwerbsminderungen ab und ggf. von Effekten durch die Rentenaufstockungspläne insbesondere für Geringverdiener."[2]

Um die Verhandlungen zwischen Union und SPD sowie den Koalitionsvertrag rankten sich im Wesentlichen zwei die Rentenpläne des Regierungsbündnisses betreffende und eng miteinander verzahnte öffentliche bzw. mediale Diskurse: Einerseits hieß es, CDU, CSU und SPD benachteiligten die Jungen, während sie die Älteren im Sinne mangelnder Generationengerechtigkeit bevorzugten. Typisch dafür waren Schlagzeilen wie „Fataler Koalitionspoker: So verzocken die Parteien die Zukunft unserer Kinder" (Focus Online, 27.9.2013), „Zukunft war gestern. Die Jüngeren müssen für die Renten-Pläne der Koalition zahlen" (Kölner Stadt-Anzeiger v. 9.12.2013) oder „Die Altenrepublik" (Die Zeit v. 12.12.2013) mit dem Satz: „Der Koalitionsvertrag ist eine Verheißung für die Alten und, ja, eine kleine Verschwörung gegen die Jungen." Gleichfalls in der *Zeit* (v. 7.11.2013) sprach Elisabeth Niejahr von einer „Koalition der Alten", im *Handelsblatt* (v. 30.12.2013) verwendete Alexander Hahn die Bezeichnung „Koalition der Generationenungerechtigkeit" zur Diffamierung des schwarz-roten Regierungsbündnisses.[3]

Andererseits wurde CDU, CSU und SPD unterstellt, Arbeitnehmer/innen und Arbeitgeber übermäßig zu belasten, weil diese „teure Wahlgeschenke" bzw. „soziale Wohltaten" wie die sog. Mütterrente durch steigende bzw. nicht – wie eigentlich vorgesehen – sinkende Beiträge finanzieren müssten, obwohl es sich dabei um eine „versicherungsfremde" Leistung handle. Von der FAZ bis zur *taz* herrschte im deutschen Blätterwald weitgehend Einigkeit darüber, dass die Koalitionäre, statt gesamtgesellschaftliche Aufgaben wie den Familienlastenausgleich über Steuern zu finanzieren, die Rentenkassen „plündern" wollten. So sprachen Markus Dettmer, Kristiana Ludwig, Michael Sauga und Cornelia Schmergal im *Spiegel* (v. 11.11.2013) von einer „Großen Seniorenkoalition", welche die Rechnung für ihre vermeintlichen Wohltaten den Beitragszahler(inne)n präsentiere: „Allein die Mütterrente und die Rente mit 63 werden die Beitragskassen schneller leeren, als mancher Sozialpolitiker ‚Generationengerechtigkeit' buchstabieren kann."[4] Stefan Reinecke bemängelte in der *taz* (v. 14.11.2013), die Reichen würden aufgrund der Beitragsbemessungsgrenze in der Gesetzlichen Rentenversicherung nicht tangiert, wohingegen die Mittelschicht zahlen müsse: „Fair wäre eine Finanzierung aus

---

[2] Schmähl (2013, S. 58).

[3] Siehe Niejahr (2013); Hahn (2013).

[4] Dettmer et al. (2013).

Steuergeldern."[5] Ulrike Herrmann bezeichnete die Folgen der Finanzierung über Beiträge in der *taz* (v. 13.1.2014) als grotesk und wählte folgendes Beispiel dafür: „Auch die Mütter von Beamten erhalten eine Mütterrente – aber die Beamten zahlen dafür nicht. Nur die Angestellten."[6] Dass auch deren Arbeitgeber in die Rentenversicherung einzahlen; dass Beamt(inn)en die Anrechnung der Kindererziehungszeiten in der Gesetzlichen Rentenversicherung versagt bleibt; und dass Müttern von Beamt(inn)en auch nur dann Zeiten der Kindererziehung als GRV-Pflichtbeitragszeiten angerechnet werden, wenn sie die nötige Wartezeit von fünf Jahren erfüllen, vergaß die Kommentatorin zu erwähnen. Heide Härtel-Herrmann, Betreiberin des Frauenfinanzdienstes, stellte ebenfalls in der *taz* (v. 24.3.2014) einen anderen Vergleich an, um für die Finanzierung der „Mütterrente" aus Steuermitteln zu werben: „Bei der jetzigen Regelung zahlen (…) die Verkäuferin und die Krankenschwester die Mütterrente für die Zahnarztgattin, die vielleicht nie einen Cent in die Rentenkasse gezahlt hat. Das ist ungerecht."[7] Ist es vielleicht gerechter, dass die Rentnerin im Grundsicherungsbezug zwar selbst gar keine Mütterrente bekommt, weil ihr der Zuschlag in Höhe von einem Entgeltpunkt voll auf die Transferleistung angerechnet wird, im Falle der Steuerfinanzierung aber bei jedem Einkauf über die Mehrwertsteuer an der Finanzierung einer Mütterrente für die besagte Zahnarztgattin beteiligt wäre?

An dem kampagnenartigen Frontalangriff auf die Sozialpolitik der Großen Koalition beteiligten sich neben führenden Journalist(inn)en auch prominente Rentenexperten. Franz Ruland, früher Geschäftsführer des Verbandes Deutscher Rentenversicherungsträger, kritisierte die Art der Finanzierung solcher Maßnahmen wie der „Mütter-" bzw. der „solidarischen Lebensleistungsrente" und bemängelte, dass zuletzt erreichte Konsolidierungserfolge im Sozialbereich leichtfertig aufs Spiel gesetzt würden.[8] Bert Rürup, seinerzeit Vorsitzender der Kommission für die Nachhaltigkeit in der Finanzierung der Sozialen Sicherungssysteme, warnte CDU, CSU und SPD davor, wie in den frühen 1970er-Jahren „aus kurzfristigen Beitragsüberschüssen langfristige und zudem klientelspezifische Leistungsausweitungen zu finanzieren – zu Lasten aller Beitragszahler und der Masse der Rentenempfänger."[9]

Kaum hatte Arbeits- und Sozialministerin Andrea Nahles den Referentenentwurf eines *Gesetzes über Leistungsverbesserungen in der gesetzlichen Rentenversicherung* (RV-Leistungsverbesserungsgesetz) vorgelegt und der Bundestag am

---

[5] Reinecke (2013).

[6] Herrmann (2014).

[7] Zit. nach: Simone Schmollack (2014).

[8] Vgl. Ruland (2013).

[9] Siehe Rürup (2014).

16. Januar 2014 erstmals darüber diskutiert, wurden die Reihen der Ablehnungsfront noch geschlossener und die Töne einzelner Kommentatoren noch schriller. Jeder Koalitionspartner bediene seine Wählerklientel, hieß es, die Union mit der sog. Mütterrente ältere Frauen und die SPD mit der „Rente ab 63" meist gewerkschaftlich organisierte Facharbeiter der Großbetriebe.

3.2 Die sog. Mütterrente

CDU und CSU konnten ihr Projekt einer verbesserten Mütterrente für Frauen durchsetzen, die vor dem 1. Januar 1992 Kinder geboren haben und bisher dafür nur je einen Entgeltpunkt (statt drei Entgeltpunkte für ab diesem Stichtag geborene Kinder) angerechnet erhielten. Die Anrechnung eines zweiten Entgeltpunktes ab 1. Juli 2014, von der hauptsächlich ältere Frauen – größtenteils Unionswählerinnen – profitieren, kostet zunächst jährlich über 6,5 Mrd. €.

Zwar schließt die Mütterrente eine Gerechtigkeitslücke – wenn auch nur zur Hälfte –, dafür vergrößert sie jedoch eine andere, die darin besteht, dass Kinder der GRV unterschiedlich viel wert sind, je nachdem, ob sie im Ost- oder im Westteil unseres Landes zur Welt gekommen sind. Frauen, die vor dem 1. Januar 1992 Kinder geboren haben, bekamen ab 1. Juli 2014 zwei Entgeltpunkte (statt nur eines Entgeltpunktes) pro Kind bei der Rentenberechnung anerkannt. Sie erhielten jetzt 57,20 € in West- und 52,76 € in Ostdeutschland. Frauen, die nach dem 1. Januar 1992 Kinder geboren haben, bekamen schon vorher drei Entgeltpunkte angerechnet, was in Ostdeutschland 79,14 € und in Westdeutschland 85,80 € entsprach.

Was deshalb fälschlicherweise „*Mütter*rente" heißt, weil auch Männer sie im Falle der Kindererziehung erhalten können, ist ein Instrument mit extrem breiter Streuwirkung: Der nicht gerade üppige Rentenzuschlag kommt zahlreichen Frauen zugute, die weder arm sind noch ihn benötigen, um im Alter gut leben zu können. Die gerade unter älteren Frauen verbreitete Armut kann eine Sozialpolitik nach dem Gießkannenprinzip aber nicht beseitigen, zumal Grundsicherungsbezieherinnen überhaupt nicht in den Genuss des zweiten Entgeltpunktes bzw. des entsprechenden Zuschlags auf ihre Altersrente gelangen, weil er auf die Transferleistung angerechnet wird. Unter dem Gesichtspunkt der Armutsbekämpfung ist die Mütterrente daher wenig zielführend.

Kritiker unterstellen der Großen Koalition, damit die jüngere Generation zu benachteiligen sowie in die Rentenkasse bzw. den Beitragszahlern (Versicherten und Arbeitgebern) „in die Tasche greifen" zu wollen. In Wirklichkeit würde die Steuerfinanzierung von Rentenreformen gar nicht zu mehr, sondern zu weniger Verteilungsgerechtigkeit führen. Befürworter dieser Finanzierungsform übersehen nämlich, dass die Arbeitgeber – also auch Selbstständige mit sozialversicherungspflichtig Beschäftigten sowie indirekt Beamte und Freiberufler, die überproportional oft Aktien besitzen – noch immer 50 % der Rentenversicherungsbeiträge zahlen, während ihr Anteil am Gesamtsteueraufkommen sehr viel geringer sein dürfte. Wer moniert, dass Sozialversicherungsbeiträge degressiv wirken, also Besserverdienende weniger stark belasten als Geringverdiener/innen, muss sich statt für den Einsatz von Steuermitteln für die Aufhebung der Beitragsbemessungsgrenzen in sämtlichen Versicherungszweigen einsetzen.

Mit ihrer Begründung für die Mütterrente haben CDU und CSU recht: Wenn die Erziehung von Kindern als späteren Beitragszahler(inne)n seit der Rentenreform 1957 ein Stützpfeiler der umlagefinanzierten Sozialversicherung ist, wie auch die SPD meint, handelt es sich bei der Mütterrente keineswegs um eine versicherungsfremde Leistung, die aus dem Bundeshaushalt zu finanzieren wäre, zumal man sie auch als monetäre Kompensation für durch Kindererziehung verlorene Möglichkeiten der Erwerbstätigkeit und Beitragszahlung interpretieren kann.

3.3   Die „abschlagsfreie Rente mit 63"

Auf Drängen der SPD wurde die Vertrauensschutzregelung zur Anhebung der Regelaltersgrenze erweitert: Besonders langjährig Versicherte (mindestens 45 Beitragsjahre, zu denen neben Kinderberücksichtigungs- und Pflegezeiten auch bestimmte Zeiten der Arbeitslosigkeit zählen) konnten ab 1. Juli 2014 schon nach Vollendung des 63. Lebensjahres abschlagsfrei in Rente gehen. Dies gilt jedoch nur für Angehörige der Geburtsjahrgänge 1951 und 1952. Für die Folgejahrgänge erhöht sich das Zugangsalter, mit dem der abschlagsfreie Rentenzugang möglich ist, parallel zur Anhebung des allgemeinen gesetzlichen Renteneintrittsalters um jeweils zwei Monate pro Lebensjahr, bis der besonders geburtenstarke Jahrgang 1964 erst mit dem vollendeten 65. Lebensjahr abschlagsfrei Altersrente beziehen kann. Obwohl also bloß wenige Geburtsjahrgänge in den Genuss dieser Ausnahmeregelung kommen, wähnen sogar kritische Gewerkschafter darin eine partielle Rücknahme der *Agenda 2010* zu sehen und feiern die Reform als „Teilausstieg" aus der Rente mit 67. Dabei handelt es sich um ein Danaergeschenk, denn ab 2029 gilt als ein Privileg für Rentenanwärter/innen mit extrem langer Versicherungsbiografie, was bisher für alle Versicherten möglich war: mit 65 eine Altersrente ohne Abschläge zu beziehen. Auch ein weiterer Vergleich drängt sich auf: Was aufgrund der Rentenreform 1972 allen langjährig versicherten Frauen gesetzlich zustand, nämlich abschlagsfrei mit 63 Jahren in den Ruhestand zu gehen, konnten aufgrund der Sonderregelung im *RV-Leistungsverbesserungsgesetz* nur jene besonders langjährig Versicherten, die zwischen dem 1. Juli 1951 und dem 31. Dezember 1952 geboren sind.

Stand bei der Mütterrente die Finanzierungsform im Mittelpunkt der Kritik, so war bei der „abschlagsfreien Rente mit 63" die Leistung an sich umstritten, weshalb sie die öffentlichen, medialen und parlamentarischen Debatten über das Rentenpaket der Großen Koalition am Schluss eindeutig dominierte. Innerhalb der Union opponierten die Mittelstandsvereinigung, der Wirtschaftsflügel und die „Junge Gruppe" der CDU/CSU-Bundestagsfraktion lange gegen die abschlagsfreie Rente mit 63, 64 bzw. 65 Jahren, indem sie mit der Ablehnung des gesamten Rentenpaketes drohten. Bevor der Bundestag das *RV-Leistungsverbesserungsgesetz* am 23. Mai 2014 in dritter Lesung verabschiedete, setzten die potenziellen Abweichler/innen durch, dass Arbeitslosigkeit in den zwei Jahren vor Renteneintritt nicht als Beitragsjahre gelten – auf diese Weise soll eine angeblich drohende „Frühverrentungswelle" verhindert werden –, dass der spätere Eintritt in den Ruhestand durch Einführung der „Flexi-Rente" für Arbeitnehmer/innen jenseits des gesetzlichen Renteneintrittsalters attraktiver gemacht wird und dass die Beiträge freiwillig Versicherter (z. B. von selbstständigen Handwerkern) für die abschlagsfreie Rente ab 63 anerkannt werden. Zeiten des Bezugs von Arbeitslosenhilfe und Arbeitslosengeld II bleiben hingegen unberücksichtigt, was Langzeiterwerbslose gegenüber Mehrfacherwerbslosen diskriminiert, weil Letztere so eher die Voraussetzung der 45 Beitragsjahre erfüllen können. Matthias W. Birkwald, rentenpolitischer Sprecher der Linksfraktion im Bundestag, stellte sarkastisch fest: „Was die Lebensleistung eines Maurers, der viermal ein Jahr arbeitslos war, von der eines Maurers unterscheidet, der einmal vier Jahre lang arbeitslos war, wird wohl von Gerichten zu klären sein."[10]

3.4 Die Reform der Erwerbsminderungsrente und die Anhebung des Reha-Deckels

Während die Mütterrente und die Rente ab 63 mit hohen Kosten für Beitrags- und später auch für Steuerzahler/innen sowie mit sinkenden Rentensteigerungen verbunden sind, halten sich die Leistungsverbesserungen für Hilfebedürftige sehr in Grenzen. Rentner/innen mit vor 1992 geborenen Kindern sowie Arbeitnehmer mit 45 Beitragsjahren, die während der nächsten Monate und Jahre vorzeitig in den Ruhestand wechseln wollen – hauptsächlich Facharbeiter in Großbetrieben und Angestellte des öffentlichen Dienstes –, profitieren von den Reformmaßnahmen der Großen Koalition, wohingegen Menschen, die zur selben Zeit wegen gesundheitlicher oder psychischer Beeinträchtigungen vorzeitig in Rente gehen müssen,

---

[10] Birkwald (2014, S. 14).

von CDU, CSU und SPD eher stiefmütterlich behandelt und mit einem Almosen abgespeist wurden. Trotzdem fanden zwei Maßnahmen des Rentenpaketes der Großen Koalition beinahe uneingeschränkt Zustimmung: „Die Erhöhung des Rehabudgets und die Verbesserungen bei der Erwerbsminderungsrente sind für Erwerbstätige mit Rehabilitationsbedarf und für Menschen, die dauerhaft nicht oder nicht mehr vollschichtig arbeiten können, ein echter Gewinn."[11]

Zwar wird der sog. Reha-Deckel, d. h. die gesetzliche Begrenzung und Koppelung jener Finanzmittel, die der GRV für Rehabilitationsmaßnahmen ihrer Mitglieder zur Verfügung stehen, an die jeweilige Bruttolohnentwicklung wegen des steigenden Bedarfs durch Einfügung einer „Demografiekomponente" vorübergehend an-, jedoch nicht – wie eigentlich nötig – aufgehoben. Erwerbsgeminderte konnten bisher frühestens mit 63 Jahren abschlagsfrei in Rente gehen. Für jeden Monat, den sie davor in den Ruhestand wechseln, wird ihnen die Rente um 0,3 % pro Monat (maximal 10,8 %) gekürzt. Wer vor dem 60. Lebensjahr eine Erwerbsminderungsrente in Anspruch nimmt, erhält dafür bestimmte Zeiten gutgeschrieben. Diese sog. Zurechnungszeit richtet sich nach dem Durchschnitt der Beiträge, die man vorher eingezahlt hat. Es wird mithin so getan, als hätten die Betroffenen bis 60 weitergearbeitet. CDU, CSU und SPD haben die Zurechnungszeit zum 1. Juli 2014 um zwei (von 60 auf 62) Jahre angehoben. Außerdem wird nunmehr geprüft, ob die Berücksichtigung der Einkünfte aus den letzten vier Jahren vor Eintritt der Erwerbsminderung dem Versicherten zum Vorteil gereicht.

Abgesehen davon, dass erwerbsgeminderte Bestandsrentner/innen ebenso wenig in den Genuss dieser Aufstockung gelangen wie erwerbsgeminderte Neurentner/innen, die aufstockend Grundsicherung beziehen müssen, ergab sich durch die Gesetzesänderung in der Regel nur ein Plus von rund 36 € netto, das die Betroffenen kaum aus der Armut führen dürfte. Denn auch für Erwerbsgeminderte steigt die Regelaltersgrenze schrittweise vom 63. auf das 65. Lebensjahr. Um den Schutz bei Erwerbsminderung umfassend zu verbessern, müssten die Rentenabschläge vollständig gestrichen und die Zurechnungszeit um drei statt zwei Jahre erhöht werden. Schließlich ist es für die Betroffen keine freie Entscheidung, vorzeitig in den Ruhestand zu gehen. Für eine *krankheitsbedingte* Frühverrentung darf in einem Sozialstaat, der diesen Namen verdient, niemand mit der Kürzung seiner ohnehin kargen Rente bestraft werden!

Zum ersten Mal seit 1972 gab es ab 1. Juli 2014 wieder spürbare Leistungsverbesserungen in der Gesetzlichen Rentenversicherung, die aber weder allen Rentner(inne)n und Rentenanwärter(inne)n noch vorrangig den bedürftigsten Senior(inn)en zugute kommen. Um der sich ausbreitenden Altersarmut entgegen-

---

[11] Staiger (2014, S. 109).

zuwirken, fehlte den beschlossenen Maßnahmen die nötige Zielgenauigkeit. Die soziale Ungleichheit im Alter nimmt künftig vermutlich auch deshalb zu, weil ohnehin Bessergestellte durch das *RV-Leistungsverbesserungsgesetz* noch stärker privilegiert werden und ausgerechnet jene Menschen davon nicht oder nur unterdurchschnittlich profitieren, die großzügigerer Regelungen am dringendsten bedürften. Aufgrund der Klientelorientierung von CDU, CSU und SPD lassen die Regierungsparteien ein geschlossenes und in sich schlüssiges Rentenkonzept vermissen. Da sie dem Ziel, die bestehende Altersarmut zu verringern und deren Neuentstehung zu verhindern, keine Priorität einräumten, wächst das Armutsrisiko für Senior(inn)en. „Die Renten werden an Kaufkraft verlieren und noch weniger vor Altersarmut schützen als bisher."[12]

---

[12] Birkwald (2014, S. 13).

Der gesetzliche Mindestlohn – das Ende von Lohndumping und Aufstockerei? 4

Genau zehn Jahre nach Hartz IV trat am 1. Januar 2015 das *Tarifautonomiestär-kungsgesetz* in Kraft, dessen Artikel 1 das *Gesetz zur Regelung eines allgemeinen Mindestlohns* (Mindestlohngesetz – MiLoG) bildet. Seither gilt ein allgemeiner gesetzlicher Mindestlohn in Höhe von 8,50 €brutto pro Stunde, ohne dass der hiesige „Wirtschaftsstandort" als Folge des staatlichen Eingriffs zusammengebrochen oder das Abendland untergegangen ist. Dabei hatten Unternehmerverbände, ihre „Denkfabriken" und neoliberale Ökonomen genau dies vor dem Inkrafttreten des *Tarifautonomiestärkungsgesetzes* der Großen Koalition lautstark prophezeit. Auch ist offenbar weder die Arbeitslosigkeit noch das Preisniveau gestiegen. Eher scheint der Mindestlohn die Massenkaufkraft zu stärken und die lahmende Binnen-konjunktur zu beleben. Weniger erfolgreich war der großkoalitionäre Mindestlohn offenbar im Hinblick auf die Armutsbekämpfung, einem wichtigen Ziel verbind-licher Lohnuntergrenzen, die mittlerweile in 22 von 28 EU-Mitgliedstaaten exis-tieren.

Diskutiert werden soll hier, ob der von Arbeits- und Sozialministerin Andrea Nahles durchgesetzte Mindestlohn etwas an den fatalen Auswirkungen des mit dem Namen von Peter Hartz verbundenen Gesetzespaketes ändert oder ob er bloße Reformkosmetik darstellt. Seit dem 1. Januar 2015 gilt zwar der großkoalitionäre Mindestlohn, aber nicht sofort für alle Branchen. Auch seine Höhe von 8,50 €pro Stunde beunruhigt jene Kritiker/innen, die darin keine wirksame Barriere gegen Armutslöhne sehen. Schließlich gibt es zahlreiche Ausnahmetatbestände bzw. Übergangsbestimmungen, die das sozialdemokratische Renommierprojekt der Großen Koalition manchen Beobachter(inne)n als politische Mogelpackung er-scheinen lassen.

© Springer Fachmedien Wiesbaden 2016
C. Butterwegge, *Reichtumsförderung statt Armutsbekämpfung*, essentials,
DOI 10.1007/978-3-658-11454-1_4

4.1   Hartz IV und Mindestlohn – ein unaufhebbarer Widerspruch oder ein sinnvolles Wechselverhältnis?

Hartz IV bedeutete einen Systemwechsel von der Lebensstandard- zur bloßen Existenzsicherung im deutschen Wohlfahrtsstaat und diente primär dem Ziel einer weiteren Steigerung der Wettbewerbsfähigkeit des „Wirtschaftsstandorts D" durch systematisches Lohn- und Sozialdumping.[1] Mit der Arbeitslosenhilfe, die 1956 – acht Monate vor dem Arbeitslosengeld – durch Gesetz eingeführt worden war, fiel nämlich zum ersten Mal, seit der Sozialstaat in Deutschland besteht, eine für Millionen Menschen existenziell wichtige Transferleistung weg. Zugleich wurde das aus der Weimarer Republik stammende *drei*gliedrige Unterstützungssystem für Arbeitslose zerschlagen. Dadurch seien die Erwerbslosen mehrheitlich ihres „Arbeitsbürger-Status" beraubt und auf eine prekäre Existenz zurückgeworfen worden, konstatierte denn auch Matthias Knuth, einer der besten Kenner von Hartz IV bereits kurz nach dem Inkrafttreten dieses Gesetzespaketes: „Die Einführung der Grundsicherung für Erwerbsfähige ohne gleichzeitige gesetzliche Mindestlohnregelung leistet einer Abwärtsspirale Vorschub, bei der Entlohnungsbedingungen immer mehr nach unten ausfransen und ergänzende staatliche Unterstützung erforderlich machen, während die Beitrags- und Besteuerungsbasis erodiert."[2]

Wegen der erneut verschärften Zumutbarkeit blieb im Sozialgesetzbuch Zweites Buch (SGB II) neben dem Berufs- und Qualifikationsschutz auch die Würde der Betroffenen auf der Strecke: Arbeitslosengeld-II-Bezieher/innen mussten seither auch Stellen annehmen, die weder tarifgerecht noch ortsüblich entlohnt werden. Da nur die Gesetz- und die Sittenwidrigkeit als Barrieren gegen Hungerlöhne übrig blieben, steht den Fallmanager(inne)n im Jobcenter seither ein umfassendes Druck- bzw. Drohpotenzial gegenüber ihren „Kund(inn)en" zur Verfügung.[3]

Gewerkschafter/innen trieb deshalb verstärkt die Furcht um, dass Arbeit in Zukunft „billig wie Dreck" werden könnte. Tatsächlich zwangen teils drastische Leistungskürzungen sowie die strengeren Zumutbarkeitsklauseln bei Hartz IV davon Betroffene, ihre Arbeitskraft zu Spottpreisen zu verkaufen. Dem hätte durch einen allgemeinen gesetzlichen Mindestlohn, den einzelne DGB-Gewerkschaften wie die NGG unter ihrem langjährigen Vorsitzenden Franz-Josef Möllenberg schon damals forderten, während sich andere aus Sorge um die Tarifautonomie noch reserviert verhielten, vielleicht entgegengewirkt werden können. In der (Medien-)Öffentlichkeit wurde auch kontrovers darüber diskutiert, ob man Hartz IV gewissermaßen

---

[1] Vgl. Butterwegge (2015).

[2] Knuth (2006).

[3] Vgl. Oschmiansky (2004).

nach unten sozial abfedern und auf diese Weise dafür sorgen sollte, dass die den
Arbeitslosengeld-II-Empfänger(inne)n laut Gesetzestext „zumutbare Arbeit" wenigstens halbwegs menschenwürdig entlohnt wird.

Zwar verfügten die meisten EU-Mitgliedsländer im Unterschied zur Bundes-
republik längst über einen solchen Mindestlohn und hatten damit auch recht gute
Erfahrungen gemacht,[4] ein Mindestlohn hätte jedoch den Hauptzweck des Hartz-
IV-Systems konterkariert, der gerade darin bestand, immer neuen Nachschub für
den Niedriglohnsektor zu produzieren sowie das Lohn- und Gehaltsniveau des
„Wirtschaftsstandorts D" langfristig zu senken. Man zwingt die erwerbsfähigen
Hilfebedürftigen mittels Leistungskürzungen, rigiden Zumutbarkeitsregelungen
und Maßnahmen zur Überprüfung der „Arbeitsbereitschaft", fast jede Stelle anzu-
nehmen und ihre Arbeitskraft zu Dumpingpreisen zu verkaufen. „Arbeitslosengeld
II ist ganz klar als ergänzende Sozialleistung zum Niedriglohn konzipiert."[5] Dies
hat gravierende Auswirkungen auf die (noch) Beschäftigten: „Wenn Millionen
Arbeitslose endlich so wenig Geld bekommen, dass sie für jeden Lohn alles machen, wenn also das Heer der Niedriglöhner (Marx sprach noch von der ‚industriellen Reservearmee') groß und gefügig genug ist, wird es den erhofften Lohndruck
auf die geben, die noch für einen Mehrwert tätig sind."[6]

Dass es sich dabei keineswegs um nicht beabsichtigte Nebenwirkungen eines
ansonsten auf Einkommens*steigerungen* der Arbeitnehmer/innen und hohe Tarif-
abschlüsse der Gewerkschaften zielenden Beschäftigungsprogramms handelte,
zeigt die Tatsache, dass es Bundeskanzler Schröder auf dem Weltwirtschaftsforum
in Davos am 28. Januar 2005 als großen Erfolg seiner Koalitionsregierung feier-
te, „einen der besten Niedriglohnsektoren" in Europa geschaffen zu haben: „Wir
haben einen funktionierenden Niedriglohnsektor aufgebaut, und wir haben bei der
Unterstützungszahlung Anreize dafür, Arbeit aufzunehmen, sehr stark in den Vor-
dergrund gestellt."[7]

Offenbar verfolgte die rot-grüne Bundesregierung mit ihrer „Agenda"-Politik
und Hartz IV eine arbeitsmarkt- und finanzpolitische Doppelstrategie: Einerseits
sollte die Abschaffung der Arbeitslosenhilfe bzw. die Abschiebung der Langzeit-
erwerbslosen in die Fürsorge den stark defizitären Staatshaushalt entlasten, andererseits wollte man durch materiellen Druck und Einschüchterung der Betroffenen

---

[4] Vgl. Peter (1998).

[5] Bongards (2004).

[6] Gillen (2004).

[7] Rede von Bundeskanzler Gerhard Schröder vor dem World Economic Forum in Davos, 28.1.2005 (http://archiv.bundesregierung.de/bpaexport/rede/91/780791/multi.htm;
15.10.2010).

mehr bzw. wirksamere „Beschäftigungsanreize" schaffen. Dabei fehlte es gar nicht hieran, sondern an geeigneten Arbeitsplätzen, die durch Hartz IV jedoch in keiner Weise geschaffen wurden.

4.2 Die mutmaßlichen Auswirkungen des Tarifautonomiestärkungsgesetzes: Armut trotz Mindestlohn?

Was auf dem Weg zur Großen Koalition für die CDU die „Mütterrente" und für die CSU die Pkw-Maut darstellte, war für die SPD der Mindestlohn – nämlich eine Conditio sine qua non. Ohne einen allgemeinen gesetzlichen Mindestlohn in der genannten Höhe – dies war auch der sozialdemokratischen Parteispitze klar – ließ sich beim anschließenden Mitgliederentscheid über den Koalitionsvertrag keine Mehrheit für den Regierungseintritt erreichen. Der SPD-Vorsitzende Sigmar Gabriel und die übrigen an den Koalitionsverhandlungen beteiligten Sozialdemokrat(inn)en verankerten in dem Abkommen mit der Union daher folgende Passage: „Zum 1. Januar 2015 wird ein flächendeckender gesetzlicher Mindestlohn von 8,50 € brutto je Zeitstunde für das ganze Bundesgebiet gesetzlich eingeführt. Von dieser Regelung unberührt bleiben nur Mindestlöhne nach dem AentG."[8] Einschränkend wurden Bedingungen für bis zum 31. Dezember 2016 mögliche tarifliche Abweichungen formuliert. Als einzige Tätigkeitsbereiche, die dauerhaft vom Mindestlohn ausgenommen werden sollten, nannte der Koalitionsvertrag nur das Ehrenamt auf der Basis von Minijobs und die Saisonarbeit.

In der (Medien-)Öffentlichkeit wurde anschließend der Eindruck vermittelt, als vernichte das Gesetzesvorhaben durch den Staatseingriff zugunsten eines – nicht marktkonformen – Mindestlohns vor allem die Arbeitsplätze von Geringqualifizierten. Dabei war der geplante Mindestlohn an sich gar kein Problem, sondern nur die Tatsache, dass seine Höhe zu gering und seine Ausgestaltung (mehrere Ausnahmen, lange Übergangsfristen und Sonderregelungen für bestimmte Personengruppen) inkonsequent und wenig konsistent erschienen. Die jüngste Mindestlohndiskussion war ein Tummelplatz für neoliberale Ökonomen, die vor dem Untergang der westlichen Marktwirtschaft warnten, aber auch für Wirtschaftslobbyisten und soziale Demagogen. Da der Mindestlohn offenbar nicht mehr zu verhindern war, taten selbst die schärfsten Gegner jeder Lohnuntergrenze im Rahmen ihres Plädoyers für möglichst weit gefasste Ausnahmeregelungen so, als ob sie primär Interessen der Armen, sozial Benachteiligten und Arbeitslosen vertraten. Während

---

[8] CDU Deutschlands et al. (2013).

die *Zeit* erklärte, dass der Mindestlohn „neue Ungerechtigkeiten" schaffe und dass die Ausnahme davon für Praktikanten im Medienbereich „eher ein Glück" sei, weil Springer, Burda, Gruner & Jahr, ProSiebenSat.1, RTL, Produktionsfirmen und viele andere Häuser sonst weniger Hospitationsstellen für künftige Journalisten anböten,[9] entdeckte die *Frankfurter Allgemeine* ihr Herz für geringqualifizierte Niedriglöhner, als sie konstatierte: „Der Mindestlohn vernichtet keine Arbeit, sagt die Regierung. Doch eigentlich wären viel mehr Stellen für Hilfsarbeiter nötig. Den Schaden haben vor allem Zuwanderer."[10]

Vergleicht man den Ursprungsentwurf mit dem endgültigen Gesetzestext, wird überdeutlich, wie stark die Arbeits- und Sozialministerin unter Druck geraten und dass es dem Wirtschaftsflügel der Union, den Unternehmerverbänden und der Verlegerlobby gelungen ist, das *Mindestlohngesetz* vor seiner Verabschiedung durch massive Einflussnahme aufzuweichen. Dies gilt besonders im Hinblick auf zusätzlich eingefügte Ausnahme- und Übergangsregelungen für einzelne Branchen bzw. Personengruppen, etwa Zeitungszusteller/innen und Erntehelfer/innen. Obwohl es den Wirtschaftsverbänden nicht gelang, unterschiedliche Lohnuntergrenzen für Ost- und Westdeutschland durchzusetzen, ist der großkoalitionäre Mindestlohn keineswegs „flächendeckend", gleicht er doch einem Flickenteppich, was Kontrollen hinsichtlich seiner Einhaltung erschwert und Gesetzesverstöße erleichtert.

Jugendliche ohne Berufsausbildung vom Mindestlohn auszunehmen, erscheint nicht bloß verfassungs- und europarechtlich (Altersdiskriminierung) problematisch, sondern ist auch deshalb falsch, weil das Gegenteil des angeblich Erstrebten passieren dürfte: Statt junge Leute davor zu bewahren, eine Ausbildung wegen eines besser bezahlten Aushilfsjobs abzubrechen oder gar nicht zu beginnen, macht sie der fehlende Mindestlohnschutz als Niedriglöhner/innen für Unternehmen erst interessant,[11] was diese veranlassen wird, ältere durch junge Beschäftigte zu ersetzen und noch weniger auszubilden. Dass auch Langzeiterwerbslose generell und nicht bloß – wie ursprünglich vorgesehen – solche, die durch Lohnkostenzuschüsse der Jobcenter gefördert werden, sechs Monate lang vom Mindestlohn ausgeschlossen bleiben, bringt neben einer weiteren Benachteiligung und sozialen Ausgrenzung der Mitglieder dieser Personengruppe schwerwiegende Nachteile für das Tarifvertragssystem der Bundesrepublik mit sich.[12] Marc Amlinger, Reinhard Bispinck und Thorsten Schulten vom Wirtschafts- und Sozialwissenschaftlichen Institut in der Hans-Böckler-Stiftung des DGB (WSI) befürchten umfangreiche

---

[9] Siehe Baurmann und Fichter (2014).

[10] Creutzburg (2014).

[11] Vgl. Amlinger et al. (2014).

[12] Vgl. Amlinger et al. (2014).

Substitutions- bzw. Drehtüreffekte: Unternehmer können solche Personen nach der Probezeit entlassen und einen anderen vom Gesetz nicht geschützten Langzeitarbeitslosen einstellen. Lohndiskriminierung ist Tarifverträgen fremd, weshalb von der Ausnahmeregelung für Langzeiterwerbslose tarifungebundene Betriebe profitieren dürften, die sich Zusatzgewinne durch Lohndumping und Schmutzkonkurrenz verschaffen. Insoweit honoriert und forciert das *Tarifautonomiestärkungsgesetz* der 3. Großen Koalition paradoxerweise Tarifflucht.

Karl Brenke und Kai-Uwe Müller, die am Deutschen Institut für Wirtschaftsforschung (DIW) arbeiten, heben einen der Tendenz zur weiteren Lohnspreizung entgegenwirkenden Effekt des Mindestlohns hervor, befürchten aber, dass Letzterer durch den Abschluss von Werkverträgen unterlaufen wird und ein neuerlicher Boom der Minijobs bevorsteht, weil diese bei den Sozialabgaben privilegiert sind und zur Zahlung niedriger Löhne regelrecht einladen: „Der Arbeitgeber kann einen geringen Lohn kalkulieren und anbieten, und der Arbeitnehmer kommt netto dennoch auf einen höheren Stundenverdienst, als wenn er einer regulären, sozialversicherungspflichtigen Beschäftigung nachginge."[13]

4.3 Arbeitsmarktreform und Mindestlohn: Hartz, aber fair?

Mit dem von ihr gegen beide Koalitionspartner durchgesetzten Mindestlohn versucht die SPD, ein Grundübel der Hartz-Gesetze im Nachhinein zu heilen. Da der seit den rot-grünen Arbeitsmarktreformen ausufernde Niedriglohnsektor, in dem mittlerweile fast ein Viertel aller Beschäftigten tätig sind, das Haupteinfallstor für Erwerbs- und spätere Altersarmut bildet, wäre ein flächendeckender, zumindest Vollzeitkräften das soziokulturelle Existenzminimum sichernder gesetzlicher Mindestlohn das effektivste Instrument der Armutsbekämpfung. Ob der großkoalitionäre Mindestlohn die nötigen Voraussetzungen erfüllt, erscheint allerdings mehr als fraglich. Manches deutet darauf hin, dass es sich nur um ein soziales Trostpflaster handelt.

Die ab 1. Januar 2015 für die meisten, jedoch erst ab 1. Januar 2017 für sämtliche Branchen geltende Mindestlohnhöhe von 8,50 € brutto pro Zeitstunde geht auf eine Forderung zurück, die der DGB – nicht ohne Widerstand aus den eigenen Reihen – schon im Jahr 2010 erhoben hat. Alle westeuropäischen Staaten haben einen höheren Mindestlohn als Deutschland. Die für wachsende Rekordexportüberschüsse der Bundesrepublik verantwortliche Strategie eines Lohndumpings auf Kosten anderer Volkswirtschaften lässt sich also auch unter den neuen Geset-

---

[13] Brenke und Müller (2013).

zesbestimmungen fortsetzen. Durch den zuletzt erfolgten Preisauftrieb bei Mieten, Energie und Nahrungsmitteln genügen 8,50 € im Jahr 2017 selbst bei Vollzeiterwerbstätigkeit nicht mehr zur Deckung des soziokulturellen Existenzminimums.

Dass die SPD in der 3. Großen Koalition auf Bundesebene einen solchen Mindestlohn realisiert hat, macht ihre Arbeitsmarktreformen weder rückgängig noch wirkungslos. Wenngleich dieser Mindestlohn trotz seiner zahlreichen Ausnahmen und Sonder- bzw. Übergangsregelungen das soziale Gewissen der Partei bzw. ihrer für die rot-grüne Reformpolitik verantwortlichen Politiker/innen vorübergehend beruhigen mag, ist er kaum geeignet, die „Agenda"-Politik und die Hartz-Gesetze vergessen zu machen, ihre negativen Konsequenzen zu beseitigen oder ihre schlimmsten Folgen zu lindern.[14] Vielmehr kann das Wachstum des nach dem US-amerikanischen breitesten Niedriglohnsektors eines hoch entwickelten Industrielandes überhaupt durch den großkoalitionären Mindestlohn bestenfalls gestoppt, nicht aber verhindert werden, dass sich ausgerechnet die schutzbedürftigsten Gruppen, etwa Langzeiterwerbslose, Jugendliche ohne Berufsausbildung, Praktikant(inn)en, Saisonarbeiter/innen und Zeitungsausträger/innen, nach wie vor zu Dumpinglöhnen verdingen müssen.

War das Arbeitslosengeld II nach dem „Kombilohn"-Muster so konstruiert, dass seine Bezieher/innen zusätzlich erwerbstätig sein müssen, um halbwegs menschenwürdig leben zu können, ist der großkoalitionäre Mindestlohn analog so konstruiert, dass ergänzend Arbeitslosengeld II bezogen werden muss, weil seine Höhe kaum zur Deckung des Lebensunterhalts ausreicht. Schon gar nicht ist dieser Mindestlohn derart hoch, dass es Arbeitnehmer(inne)n bei einer 40-h-Woche gelingen könnte, die Niedriglohnschwelle von zwei Dritteln des Medianverdienstes, d. h. des mittleren Monatseinkommens aller Beschäftigten (ca. 1800 € brutto) zu überwinden.

Mittels entsprechender IAB-Simulationsrechnungen haben Kerstin Bruckmeier und Jürgen Wiemers die Auswirkungen des gesetzlichen Mindestlohns auf die künftige Einkommenssituation von Aufstocker(inne)n untersucht. Sie wollten herauszufinden, wie viele erwerbstätige Leistungsempfänger/innen infolge einer flächendeckenden Lohnuntergrenze dem Arbeitslosengeld-II-Bezug entkommen. Selbst unter Alleinstehenden – so ihr Ergebnis – gelingt es kurzfristig nur einem kleinen Teil der erwerbstätigen Leistungsberechtigten, sich durch den auf 8,50 € brutto angehobenen Stundenlohn von ihrer Transferabhängigkeit zu befreien.[15] Bruckmeier und Wiemers kamen auf eine Anzahl von 57.000 bis 64.000 Personen unter den ca. 1,3 Mio. Erwerbsaufstocker(inne)n – das wären nur ca. 5 %, die der

---

[14] Vgl. Butterwegge (2015).
[15] Vgl. Bruckmeier und Wiemers (2014).

großkoalitionäre Mindestlohn sofort aus dem Arbeitslosengeld-II-Bezug herausführen würde. Demnach könnten Veränderungen bei Löhnen und Güterpreisen, Güternachfrage und/oder Arbeitsangebot bzw. -nachfrage erst auf längere Sicht zu größeren Auswirkungen auf das verfügbare Einkommen und die Bedürftigkeit der Aufstocker/innen führen.

Geringverdiener/innen mit Kindern, die in einer Großstadt mit den heute üblichen hohen Mieten wohnen, haben praktisch keine Chance, der Hartz-IV-Abhängigkeit durch Anhebung ihres Lohns auf die gesetzlich vorgeschriebene Mindesthöhe zu entkommen. Sie müssen nach wie vor die Grundsicherung für Arbeitsuchende in Anspruch nehmen und den entwürdigenden Gang zum Jobcenter antreten. Der zehn Jahre nach dem Inkrafttreten von Hartz IV eingeführte Mindestlohn reicht weder aus, um die zunehmende Erwerbs- und Altersarmut in Deutschland einzudämmen, noch zieht er Hartz IV die Giftzähne: Sowohl rigide Zumutbarkeitsregeln wie auch drakonische Sanktionen, die den Niedriglohnsektor boomen lassen, bleiben weiter bestehen. Dieser wird daher auf einem weniger unerträglichen und etwas höheren Durchschnittsniveau zementiert. Ob es leichter ist, eine spürbare Erhöhung des Mindestlohns als seine Einführung durchzusetzen, wird sich zeigen. Ohne die Verstärkung des parlamentarischen und außerparlamentarischen, vor allem des gewerkschaftlichen Drucks ist jedenfalls auch in Zukunft kein wirklicher Durchbruch in der Lohnfrage zu erwarten.

Nur durch einen Mindestlohn in existenzsichernder Höhe sowie eine bedarfsgerechte, armutsfeste und repressionsfreie Grundsicherung für Langzeiterwerbslose lässt sich die Würde der Arbeit im vereinten Deutschland wiederherstellen. Durch den am 1. Januar 2015 in Kraft getretenen Mindestlohn wird höchstens eine weitere Lohnspreizung verhindert und der Niedriglohnsektor zwar nach unten abgedichtet, aber nicht eingedämmt oder gar abgeschafft, was jedoch nötig wäre, um Armut und soziale Ausgrenzung wirksam zu bekämpfen. Dies gilt in noch stärkerem Ausmaß für das Problem der in Zukunft wahrscheinlich stark zunehmenden Altersarmut. Durch die seit der Jahrtausendwende in die gesetzliche Rentenanpassungsformel eingefügten „Dämpfungs-" bzw. Kürzungsfaktoren (sog. Riester-Treppe, Nachhaltigkeits- und Nachholfaktor) sinkt das Rentenniveau vor Steuern von 53 % zur Jahrtausendwende auf 43 % im Jahr 2030. Dies führt dazu, dass ohne größere Lohnsteigerungen selbst ein jahrzehntelang bezogener Durchschnittslohn nicht mehr ausreichen wird, um im Alter ohne staatliche Grundsicherung über die Runden zu kommen.

Die ungenutzte Chance des Verfassungsgerichtsurteils zur Erbschaftsteuer für Unternehmerfamilien: Schonung des privaten Reichtums trotz öffentlicher Armut

5

Wer die soziale Ungleichheit verringern und zugleich verhindern will, dass sich unser Land noch tiefer als bisher spaltet, muss den Reichtum antasten, weil Armutsbekämpfung viel Geld kostet und weil beide Phänomene strukturell miteinander verbunden sind. Dass die 2. Große Koalition unter Angela Merkel den Kampf gegen Armut und soziale Ausgrenzung gar nicht erst aufnahm, lag nicht zuletzt in ihrem fiskalpolitischen Geburtsfehler begründet: der Ablehnung jeglicher Steuererhöhung. „Solange der Staat in diesem fünftreichsten Land der Erde darauf verzichtet, sehr große Vermögen, sehr hohe Einkommen genauso wie Erbschaften und Kapitalerträge stärker zu besteuern, so lange bleibt jegliche Debatte darüber eine rein akademische Übung."[1] Statt die Armut zu bekämpfen und das hierfür erforderliche Geld zu beschaffen, haben sich CDU, CSU und SPD jedoch entschieden, reiche Firmenerben weiterhin steuerlich zu begünstigen.

5.1 Entstehungsgeschichte und Hintergründe der jüngsten Erbschaftsteuerreform

Seit dem 1. Januar 2009 konnten selbst Mitglieder der reichsten Unternehmerdynastien, die man in Russland, der Ukraine oder Griechenland als Oligarchen bezeichnen würde, unter bestimmten Voraussetzungen ganze Firmenimperien an ihre Nachfolger übertragen, ohne dass diese dafür Erbschaft- bzw. Schenkungsteuer in nennenswerter Höhe entrichten mussten. Der im Herbst desselben Jahres gebildeten CDU/CSU/FDP-Regierung reichte diese Privilegierung ihrer vermögendsten Klientel freilich nicht. Kaum war die schwarz-gelbe „Wunschkoalition" im Amt, änderte sie das *Erbschaftsteuerreformgesetz* vom 24. Dezember 2008 und

---

[1] Schneider et al. (2015, S. 12).

© Springer Fachmedien Wiesbaden 2016
C. Butterwegge, *Reichtumsförderung statt Armutsbekämpfung,* essentials,
DOI 10.1007/978-3-658-11454-1_5

bescherte Wohlhabenden, Reichen und Hyperreichen im Rahmen des *Wachstums-beschleunigungsgesetzes* vom 22. Dezember 2009 kurz vor Heiligabend weitere Steuergeschenke. Rückwirkend zum 1. Januar 2009 wurden Betriebe mit bis zu 20 (statt vorher: zehn) Beschäftigten von der Pflicht zur Einhaltung der Lohn-summenregel befreit. Für über 95 % aller betroffenen Unternehmen galt die zuletzt genannte Klausel nun überhaupt nicht mehr. Außerdem lockerten CDU, CSU und FDP die gerade erst in Kraft getretenen Voraussetzungen für die Erbschaftsteuer-befreiung von Firmenerben, indem sie die Behaltensfristen (von zehn auf sieben bzw. von sieben auf fünf Jahre) verkürzten und die für eine Steuerbefreiung nötige Höhe der Lohnsumme (von 1000 auf 700 % bzw. von 650 auf 400 % des Ausgangs-wertes) senkten.

Mit der von CDU, CSU und FDP noch großzügiger ausgestalteten Lohnsum-menregelung waren selbst größere Entlassungswellen aufgrund allgemeiner Preis-steigerungsraten und darauf basierender Tariflohnerhöhungen möglich, ohne dass der Erwerber von Betriebsvermögen sein Privileg gegenüber den Erwerber(inne)n anderer Sachwerte und von Geldvermögen verlor. Er konnte auch Stellen abbauen und Arbeitnehmer(inne)n kündigen, wenn er die Boni der Geschäftsführung in gleichem Maße erhöhte. Solche angeblich der „Beseitigung von Wachstumshemm-nissen im Bereich der Erbschaft- und Schenkungsteuer" (Gesetzesbegründung) dienenden „Reformkorrekturen" boten für die Regierungsparteien den Vorteil, dass sie von der breiten Öffentlichkeit weniger stark wahrgenommen wurden als etwa massive Senkungen des Spitzensteuersatzes oder die Abschaffung der Gewerbe-steuer, wie sie die FDP forderte.

Als der Bundesfinanzhof die Verschonungsregeln beim Betriebsübergang dem Bundesverfassungsgericht im September 2012 wegen eines nicht durch aus-reichende Sach- und Gemeinwohlgründe gerechtfertigten „Begünstigungsüber-hangs" zur höchstrichterlichen Prüfung vorlegte, wurden selbst kleinen Kindern große Unternehmen überschrieben, nur um die nach dem BVerfG-Urteil befürch-tete Schenkung- bzw. später anfallende Erbschaftsteuer zu sparen. Allein im Jahr 2012 erreichte der Wert des steuerfrei übertragenen Betriebsvermögens 36 Mrd. €; das war 10-mal so viel wie 2010 und fast 10-mal so viel, wie die Bundesländer damals insgesamt an Erbschaft- bzw. Schenkungsteuer kassierten.

Während die Karlsruher Richter im Sommer 2014 über das *Erbschaftsteuer-und Schenkungsteuergesetz* verhandelten, übten privaten Verlegern gehörende Presseorgane massiven Druck aus, indem sie wahre Loblieder auf den Mittelstand sangen und nach Art einer steuerrechtlichen Dolchstoßlegende vor seinem Nie-dergang durch ein befürchtetes Negativurteil zur geltenden Begünstigung des Be-triebsvermögens warnten: „Die Welt beneidet Deutschland um seinen industriellen Mittelstand. Mit hohem persönlichen und starkem finanziellen Einsatz schafft er es, internationalen Konzernen Paroli zu bieten. Dieses Schwungrad der deutschen Wirtschaft sollte keiner leichtfertig in Frage stellen."[2]

In seinem Urteil vom 17. Dezember 2014 (Az.: 1 BvL 21/12) räumte das Bundesverfassungsgericht dem Gesetzgeber zwar das Recht ein, betriebliches Vermögen gegenüber anderen Vermögensarten zu bevorzugen, wenn gewichtige Sach- oder Gemeinwohlgründe dafür sprächen. Allerdings rügte der Erste Senat mehrere Detailregelungen im *Erbschaftsteuer- und Schenkungsteuergesetz* alter Fassung, etwa die Freistellung der allermeisten Unternehmen von der Verpflichtung, die Bruttolohnsumme einige Jahre lang halbwegs konstant zu halten, die uneingeschränkte Begünstigung sehr großer Vermögen sowie die Verwaltungsvermögensregelung: Von dem begünstigten Betriebsvermögen durften (im Fall der Regelverschonung) 50 % bzw. (im Fall der optionalen Vollverschonung) 10 % aus Verwaltungsvermögen bestehen. Hierzu zählten beispielsweise Dritten zur Nutzung überlassene Grundstücke und Bauten, Kunstgegenstände und Wertpapiere, aber bis zum 7. Juni 2013 neben Bargeld auch nicht sonstige Geldforderungen wie Sichteinlagen und Sparanlagen, was großzügige Gestaltungsmöglichkeiten für Steuertrickser mit der „Cash-GmbH", einem Festgeldkonto im Firmengewand, als berüchtigtem Extrembeispiel eröffnete. Als Konsequenz seiner Kritik forderte das Bundesverfassungsgericht „eine umfassende Nachbesserung oder grundsätzliche Neukonzeption der Gesamtverschonungsregelung", um den Schutz der in personaler Verantwortung geführten Betriebe und die Sicherung der Arbeitsplätze in Deutschland als zentrale Rechtfertigungsgründe für die weitgehende Steuerfreistellung betrieblichen Vermögens zu gewährleisten.[3]

Wiewohl die Richterin Susanne Baer sowie die Richter Reinhard Gaier und Johannes Masing das einstimmig ergangene Urteil des Ersten Senats mittrugen, ergänzten sie es um eine weitere Begründung, die das Sozialstaatsgebot des Art. 20 Abs. 1 GG und seine Ausrichtung auf soziale Gerechtigkeit als Leitprinzip aller staatlichen Maßnahmen hervorhob: „Die Erbschaftsteuer dient deshalb nicht nur der Erzielung von Steuereinnahmen, sondern ist zugleich ein Instrument des Sozialstaats, um zu verhindern, dass Reichtum in der Folge der Generationen in den Händen weniger kumuliert und allein aufgrund von Herkunft oder persönlicher Verbundenheit unverhältnismäßig anwächst."[4] Die drei Genannten wiesen auf die wachsende Schieflage der Vermögensverteilung in Deutschland hin und hoben hervor, dass „die Schaffung eines Ausgleichs sich sonst verfestigender Ungleichheiten" in der Verantwortung, nicht aber im Belieben der Politik liege, weshalb die

---

[2] Schäfers (2014).

[3] Vgl. Bundesverfassungsgericht (2014, S. 52 ff.).

[4] Bundesverfassungsgericht (2014, S. 55).

Erbschaftsteuer der Gefahr entgegenzuwirken habe, „dass durch eine zunehmende Ungleichverteilung von Mitteln die Chancen auf gesellschaftliche wie politische Teilhabe auseinanderdriften und sich so letztlich Einfluss und Macht zunehmend unabhängig von individueller Leistung verfestigen und an Herkunft gebunden sind."[5] Aus dieser instruktiven Feststellung hätte man eigentlich die Schlussfolgerung ziehen müssen, Ausnahmen von der Besteuerung betrieblichen Vermögens deutlicher zu beschränken.

5.2 Erfolge der Lobbyisten vor der gerichtlich verfügten Neuregelung

Zwar hatte das höchste deutsche Gericht ein vorläufiges Fortgelten des Erbschaftsteuer- und Schenkungsteuergesetzes verfügt und dem Gesetzgeber für die erforderliche Novellierung eine Frist bis zum 30. Juni 2016 eingeräumt, Bundesfinanzminister Wolfgang Schäuble legte jedoch bereits am 27. Februar 2015 ein zweiseitiges Papier mit Eckwerten zur Neuregelung der Erbschaftsteuer für Unternehmensvermögen vor, die sich nach eigener Feststellung auf „minimalinvasive Korrekturen" beschränken sollte.[6] Statt die – laut BVerfG-Urteil unverhältnismäßig niedrige – Grenze für das Verwaltungsvermögen zu erhöhen, bis zu der das ganze Betriebsvermögen begünstigt war, nahm Schäuble eine Umdefinition des begünstigungsfähigen Vermögens vor: Nunmehr kann ausschließlich solches Vermögen von der Erbschaft- bzw. Schenkungsteuer verschont bleiben, das seinem Hauptzweck nach einer originär land- und forstwirtschaftlichen, gewerblichen oder freiberuflichen Tätigkeit dient. Waren bisher Betriebe mit 20 oder weniger Beschäftigten, d. h. die übergroße Mehrzahl der Unternehmen von der Lohnsummenpflicht befreit, wollte Schäuble auf die Prüfung der Lohnsumme bei Unternehmen mit einem Wert bis 1 Mio. € verzichten. Schäubles Eckwerten zufolge sollte eine Obergrenze für die Verschonung des begünstigten Vermögens in Höhe von 20 Mio. € eingezogen werden, die alle zehn Jahre in Anspruch genommen werden kann. Wenn das geschenkte oder geerbte Vermögen diese Freigrenze übersteigt, hätte das Finanzamt den Begünstigten einer „individuellen Bedürfnisprüfung" zu unterziehen und dabei zu ermitteln, ob er persönlich in der Lage ist, die Steuerschuld aus dem mit übertragenen (nichtbetrieblichen) oder dem sonstigen, bereits vorhandenen (Privat-)Vermögen zu begleichen. Zumutbar ist laut Eckwerte-Papier

---

[5] Bundesverfassungsgericht (2014).

[6] Siehe hierzu und zum Folgenden: Bundesministerium der Finanzen, Neuregelung der Erbschaftsteuer für Unternehmensvermögen – Eckwerte, 27.2.2015, S. 1 f. (http://taspo.de/fileadmin/user_upload/Eckpunkte_Erbschaftsteuer.pdf; 1.7.2015).

der Einsatz von 50 % des verfügbaren Vermögens. Eine Stundung der Steuer wurde für den Fall eingeräumt, dass der Erwerber erst noch Vermögensgegenstände liquidieren muss.

Obgleich Schäuble nur eine weitere Niederlage der Exekutive in Karlsruhe verhindern und daher die vom Bundesverfassungsgericht für unverhältnismäßig gehaltenen Verschonungsregelungen etwas strenger fassen wollte, liefen Unternehmerverbände und Wirtschaftslobby, etwa der Bundesverband der Deutschen Industrie (BDI), der Deutsche Industrie- und Handelskammertag (DIHK) sowie DIE FAMILIENUNTERNEHMER – ASU, regelrecht Sturm gegen seine moderaten Pläne zur Gesetzesnovellierung. Potenziell betroffene Familienunternehmer jammerten, zeterten und drohten mit dem eigenen Weggang bzw. dem Niedergang des heimischen Industriestandortes.[7] Wiewohl es ihnen weniger um diesen als um rabiate Besitzstandswahrung und den damit verbundenen Machterhalt ging, wurde in standortnationalistischer Manier die Angst vor transnationalen Konzernen bzw. den „Heuschrecken" geschürt, die zuhauf mittelständische deutsche Firmen übernehmen würden, sollten Schäubles Vorschläge Gesetzeskraft erlangen. Mit vorgeschobenen Scheinargumenten versteckten sich die Eigentümer ganzer Firmenkonglomerate hinter dem Kleinunternehmer von nebenan, wenn sie den Mittelstand als „Rückgrat der deutschen Wirtschaft" für akut bedroht erklärten. Schließlich warnten gewiefte Verbandsvertreter vor einem Ausverkauf von Know-how bzw. einer „Verkaufswelle" für den Fall, dass Schäubles Vorschläge nicht abgeschwächt würden. Selbst führende Repräsentanten solcher Unternehmerfamilien meldeten sich lautstark zu Wort, die wie der Waiblinger Motorsägenhersteller Stihl ihr Schäfchen längst ins Trockene gebracht hatten. So verriet Nikolas Stihl der *Stuttgarter Zeitung*, er und seine Mitgesellschafter hätten die Übertragung der Firmenanteile an die nächste Generation „bereits zu den alten Richtlinien" vorgenommen, weshalb sie der künftigen Ausgestaltung des Erbschaftsteuerrechts „gelassen entgegensehen" könnten: „Da sind wir sicher nicht die einzigen, was sich aus der Summe der Übertragungen der Jahre 2013 und 2014 ablesen lässt."[8]

Während sich führende SPD-Politiker vorbehaltlos hinter das Schäuble-Papier stellten, lehnten die CSU wie auch der CDU-Wirtschaftsflügel die Bagatellgrenze (1 Mio. €), den Schwellenwert für die Verschonungsbedürfnisprüfung (20 Mio. €) und den Rückgriff auf das Privatvermögen ab. Auch mit den Ländern, welche die Erbschaft- und Schenkungsteuer vereinnahmen, daher ein besonderes Interesse an deren Aufkommenssteigerung zeigen sollten und das Gesetz im Bundesrat blockie-

---

[7] Vgl. z. B. „Von großen Taten der Koalition sehe ich bisher überhaupt nichts". Im Gespräch: Ulrich Grillo, Präsident des Bundesverbands der Deutschen Industrie, in: FAZ v. 9.3.2015.

[8] „Ich rechne mit einer Verkaufswelle". Exklusiv-Interview mit Nikolas Stihl zur Reform der Erbschaftsteuer, in: Stuttgarter Zeitung v. 17.3.2015.

ren konnten, musste sich Schäuble abstimmen. Neben dem CSU-regierten Bayern mit Finanzminister Markus Söder an der Spitze, welcher ebenso wie Ministerpräsident Horst Seehofer eine Regionalisierung der Erbschaft- und Schenkungsteuer anstrebt, um durch gezieltes Steuerdumping noch mehr Reiche und Hyperreiche nach Süddeutschland locken zu können, wollte auch das grün-rot regierte Baden-Württemberg den betroffenen Unternehmerfamilien weiter entgegenkommen. Ministerpräsident Winfried Kretschmann (Bündnis 90/Die Grünen) sowie Wirtschafts- und Finanzminister Nils Schmid (SPD) brachten eine Prüfschwelle von 100 Mio. € ins Gespräch.

Schäuble, der bei den Verhandlungen über weitere Kredite für Griechenland unter den Finanzministern der Euro-Gruppe die größte Härte an den Tag legte, knickte in der Diskussion über die Neuregelung der Erbschaft- bzw. Schenkungsteuer rasch ein. Zuerst fiel die am Unternehmenswert festgemachte Bagatellgrenze, an deren Stelle die Beschränkung auf Betriebe mit höchstens drei Beschäftigten als Obergrenze für die Ausnahme von der Lohnsummenregelung trat. Für Betriebe mit vier bis zehn Beschäftigten wurden neue Verschonungserleichterungen geschaffen. So beträgt die Mindestlohnsumme nur 250 %, wenn das Unternehmen fünf Jahre lang fortgeführt wird (Regelverschonung), und nur 500 %, wenn es sieben Jahre lang fortgeführt wird (Optionsverschonung).[9] Auch die Prüfschwelle für den Verschonungsbedarf blieb nicht unangetastet, verdoppelte sich vielmehr im Referentenentwurf des Bundesfinanzministeriums vom 1. Juni 2015 für Unternehmen, die wie Konzerne qua Gesellschaftsvertrag oder Satzung bestimmten Kapitalbindungen unterliegen, auf 40 Mio. €. Noch gravierender war, dass man den Erwerbern von Großvermögen oberhalb der jeweiligen Prüfschwelle ein Wahlrecht hinsichtlich der Verschonungsbedarfsprüfung einräumte und für Erwerber, die ihr Privatvermögen nicht einsetzen und/oder nicht offenlegen wollen, die Möglichkeit schuf, den Verschonungsabschlag im Rahmen eines „Abschmelzmodells" bei mit dem Unternehmenswert steigenden Einbußen gleichfalls in Anspruch zu nehmen. Statt die Erbschaft- bzw. Schenkungsteuer aus ihrem sonstigen (Privat-)Vermögen zu entrichten, können sie den geerbten bzw. geschenkten Betrieb nunmehr stärker belasten, obwohl der Gesetzgeber diesen angeblich gerade schützen will.

Auf dem alljährlich von der Stiftung Familienunternehmen – nicht zum ersten Mal mit der Bundeskanzlerin als Gastrednerin – abgehaltenen „Tag des deutschen Familienunternehmens" machte Angela Merkel den Betroffenen am 12. Juni 2015

---

[9] Vgl. dazu und zum Folgenden: Referentenentwurf des Bundesministeriums der Finanzen. Entwurf eines Gesetzes zur Anpassung des Erbschaftsteuer- und Schenkungsteuergesetzes an die Rechtsprechung des Bundesverfassungsgerichts, Bearbeitungsstand: 01.06.2015, 9:46 Uhr, S. 5 f. (http://www.bundesfinanzministerium.de/Content/DE/Downloads/Gesetze/2015-06-02-G-z-Anpassung-d-ErbStR-u-SchenkSt-a-d-Rspr-d-BVerfG.pdf?__blob=publicationFile&=3; 1.7.2015).

in Berlin noch einmal Mut. Es gehe nicht bloß um Arbeitsplätze und Praxistauglichkeit, klagte Merkel in ihrer Ansprache, sondern erneut um die Verfassungskonformität der Regelung. Wolfgang Schäuble, sagte die Bundeskanzlerin weiter, habe jedoch einen gangbaren Weg gefunden und „nach vielen Gesprächen mit Unternehmern Optionsmöglichkeiten eingebaut, womit wir nach wie vor den Kernbereich, nämlich das zu vererbende Vermögen, schützen."[10] Merkel wies die „werten Familienunternehmer" auf das Struck'sche Gesetz hin, wonach kein Gesetzentwurf unverändert aus dem Bundestag herauskommt. In den umfangreichen parlamentarischen Beratungen zur Neuregelung der Erbschaftsteuer für Firmenerben, die folgen würden, sei auch der Bundesrat mit seiner Mehrheit rot-grün regierter Länder gefragt. „Deshalb müssen wir auch diesen Punkt im Auge haben. Aber wir sind uns der Sensibilität des Gegenstandes eindeutig bewusst."[11] Abschließend beruhigte Merkel ihre Zuhörer: „Sie dürfen davon ausgehen, dass wir uns Mühe geben, Regelungen zu finden, die Ihnen helfen."[12]

Tatsächlich kamen CDU, CSU und SPD den Unternehmerfamilien in dem am 8. Juli 2015 verabschiedeten Regierungsentwurf noch mehr entgegen. So wurde die Freigrenze, bis zu der keine Verschonungsbedarfsprüfung erfolgt, auf 26 Mio. € (für normale Familienunternehmen) bzw. 52 Mio. € (für Familienunternehmen mit Konzernstrukturen) angehoben.[13] Für die Betriebe mit mehr als zehn, aber nicht mehr als 15 Beschäftigten wurde die Lohnsummenpflicht erneut aufgeweicht. So beträgt die Mindestlohnsumme 300 %, wenn ein solches Unternehmen fünf Jahre lang fortgeführt wird (Regelverschonung), und 565 %, wenn es sieben Jahre lang fortgeführt wird (Optionsverschonung). Neu ist auch, dass Beschäftigte im Mutterschutz, in einem Ausbildungsverhältnis und im Krankengeld- bzw. Elterngeldbezug sowohl bei der Beschäftigtenanzahl wie auch bei der Lohnsumme unberücksichtigt bleiben. Durch diese Änderungen des Ursprungsentwurfs wurde die gesetzliche Neuregelung der Erbschaft- und Schenkungsteuer insgesamt derart verkompliziert, dass sie höchstens noch von den kundigsten Steuerexperten (großer Unternehmen) durchschaut wird.

---

[10] Siehe Rede von Bundeskanzlerin Merkel anlässlich des Tags des deutschen Familienunternehmens am 12. Juni 2015, S. 4 (https://www.bundesregierung.de/Content/DE/Rede/2015/06/2015-06-15-merkel-familienunternehmen.html; 15.7.2015).

[11] Bundesverfassungsgericht (2014).

[12] Bundesverfassungsgericht (2014, S. 6).

[13] Vgl. Gesetzentwurf der Bundesregierung: Entwurf eines Gesetzes zur Anpassung des Erbschaftsteuer- und Schenkungsteuergesetzes an die Rechtsprechung des Bundesverfassungsgerichts, S. 8 (http://www.bundesfinanzministerium.de/Content/DE/Downloads/Gesetze/2015-07-08-G-z-Anpassung-d-ErbStR-u-SchenkSt-a-d-Rspr-d-BVerfG.pdf?__blob=publicationFile&v=2; 15.7.2015).

Da die restriktiveren Bestimmungen des *Gesetzes zur Anpassung des Erbschaftsteuer- und Schenkungsteuergesetzes an die Rechtsprechung des Bundesverfassungsgerichts* nicht rückwirkend, sondern erst vom Tag seiner Verkündung an gelten sollen, obwohl dieses ausdrücklich auf die Möglichkeit der Bindung vom Tag der Urteilsverkündung hingewiesen hatte,[14] blieb den hiesigen Oligarchen noch Zeit, um die alten, bis dahin trotz der höchstrichterlichen Monita fortbestehenden Vergünstigungen für ihre Nachkommen auszunutzen. Aber auch nach Inkrafttreten des Gesetzes gibt es genug Schlupflöcher, um Riesenvermögen weiterzugeben, ohne dass die Begünstigten vom Finanzamt zur Kasse gebeten werden könnten. So bietet sich eine Unternehmensübergabe an die Kinder bereits zu einem Zeitpunkt an, an dem diese noch nicht über ein nennenswertes Vermögen verfügen und deshalb trotz der neu eingeführten Verschonungsbedarfsprüfung nach wie vor steuerfrei in den Besitz eines riesigen Konzerns gelangen können. Selbst wenn das Unternehmen milliardenschwer und der Begünstigte sehr vermögend, aber nicht willens ist, seine Besitzverhältnisse offenzulegen, muss er nach siebenjähriger Fortführung der Firma und Einhaltung der Lohnsummenregel höchstens 19,5 % Erbschaft- bzw. Schenkungsteuer entrichten. Und das bei einem ihm völlig leistungslos zufallenden Vermögen, wohingegen der Gesetzgeber selbst durchschnittlich verdienenden Arbeitnehmer(inne)n einen höheren Steuersatz bei der Einkommensteuer zumutet.

5.3 Die fatalen Folgen der Erbschaftsteuerreformen für Staat und Gesellschaft

Substanziell hat die 2. Große Koalition unter Angela Merkel am *Erbschaftsteuer- und Schenkungsteuergesetz* wenig geändert, sondern die steuerrechtliche Privilegierung der Unternehmerfamilien modifiziert festgeschrieben, weshalb sich die hierzulande bestehende Kluft zwischen Arm und Reich künftig noch vertiefen dürfte. Denn die demografische Entwicklung mit dem Trend zur Kleinstfamilie sorgt dafür, dass auf immer mehr ältere Erblasser immer weniger junge Erben kommen: „Die geringere Geschwisterzahl aufgrund der gesunkenen Fertilität führt zu einer geringeren Erbteilung und somit zu einer größeren Erbschaftskonzentration auf wenige Erben."[15] Die von CDU, CSU und SPD vorgenommene Neuregelung fördert die Konzentration des Kapitals, die Kumulation der Vermögen und die soziale Polarisation. Die in der Bundesrepublik seit geraumer Zeit deutlicher hervorstechende Spaltung in Arm und Reich wurde nicht bloß zementiert, son-

---

[14] Vgl. Bundesverfassungsgericht (2014, S. 54).
[15] Szydlik (2000, S. 240).

dern tendenziell noch verschärft. Auch die Chance, der öffentlichen Armut (von Ländern und Kommunen) entgegenzuwirken, wurde leichtfertig vertan. In kaum einem westlichen Industriestaat ist die Erbschaftsteuer so niedrig und ihr Finanzvolumen so gering wie hierzulande (mit ca. 4 bis 5,5 Mrd. € pro Jahr erbringt sie deutlich weniger als 1 % des Gesamtsteueraufkommens). Verglichen mit der Tabaksteuer, die ein 3- bis 4-mal so hohes Volumen erreicht, ist die Erbschaftsteuer eine Bagatellsteuer. Die *betriebliche* Erbschaftsteuer wurde vom Gesetzgeber zu einer reinen Phantomabgabe degradiert.

Niemand hat bisher den geringsten Beleg dafür erbracht, dass ein Familienunternehmen erbschaftsteuerbedingt in Existenznot geraten kann. So wusste die Regierung der 1. Großen Koalition unter Angela Merkel keinen derartigen Fall zu nennen, wie sie auf eine parlamentarische Anfrage der Linksfraktion im Bundestag bekannte.[16] Selbst der unternehmerfreundliche Wissenschaftliche Beirat beim Bundeswirtschaftsministerium hielt es in einem Gutachten für „sehr unwahrscheinlich", dass ein Unternehmen durch das Erbschaftsteuergesetz in der früher gültigen Fassung bedroht worden sein könnte.[17] Zuletzt bemühte sich die *taz* im Rahmen einer Umfrage bei den Wirtschaftsverbänden ohne jeden Erfolg, konkrete Hinweise auf durch die Erbschaft- bzw. Schenkungsteuer gefährdete Familienunternehmen zu erhalten.[18] Bestünde die Gefahr eines übermäßigen Liquiditätsentzuges tatsächlich, wäre der Vorschlag der SPD-Bundestagsabgeordneten Cansel Kiziltepe und des Stellvertretenden Vorsitzenden ihrer Partei Ralf Stegner erwägenswert, Firmenerben neben dem Recht auf verzinste Stundungen und Ratenzahlungen die Möglichkeit der Übertragung von Unternehmensanteilen einzuräumen, wie das die Abgabenordnung bei Kunstwerken vorsieht.[19]

Obwohl die effektive Erbschaftsteuerbelastung bei der Übertragung eines Unternehmens hierzulande im Vergleich zu manch anderem Staat (z. B. Frankreich, Japan und USA) minimal war, begründeten CDU, CSU und SPD ihre Absicht, die Übertragung von Betriebsvermögen auf die nächste Generation zu erleichtern, folgendermaßen: „Die Bundesregierung hält es für notwendig, die Generationenfolge in Betriebsvermögen im Interesse der Erhaltung und Sicherung von Unternehmen als Garanten von Arbeitsplätzen, als Stätte des produktiven Wachstums und in ihrer gesellschaftlichen Funktion als Ort beruflicher und sozialer Qualifikation weiter

---

[16] Vgl. Antwort der Bundesregierung auf die Kleine Anfrage der Abgeordneten Dr. Barbara Höll, Dr. Axel Troost, Dr. Gregor Gysi, Oskar Lafontaine und der Fraktion DIE LINKE – Drucksache 16/1180 – Belastung des Betriebsvermögens durch die Erbschaftsteuer, BT-Drs. 16/1350 v. 28.4.2006, S. 5.

[17] Siehe Bundesministerium für Finanzen (2012, S. 30).

[18] Vgl. Schulte (2015).

[19] Vgl. Kiziltepe und Stegner (2014).

als bisher von der Erbschaftsteuer zu entlasten."[20] Unternehmerdynastien wurden somit in einer Weise begünstigt, die zum Himmel schreit und angesichts des Vermögens in mehrfacher Billionenhöhe, das während dieses und des nächsten Jahrzehnts vererbt wird, eine Refeudalisierung im Finanzmarktkapitalismus bewirken dürfte.

Reichtumsförderung per Steuergesetzgebung zugunsten von Unternehmerfamilien ist keine Armutsbekämpfung. Steuernachlässe für besonders Wohlhabende, Reiche und Hyperreiche tragen weder zur Sanierung der öffentlichen Haushalte noch zur Belebung der Konjunktur bei. Höchstens finanzpolitische Alchimisten und hartnäckige Lobbyisten verbreiten die Illusion, man brauche nur die „Leistungsträger" steuerlich entlasten, um die Wirtschaft zu stimulieren, Wachstum zu generieren und am Ende das Steueraufkommen zu maximieren. In Wahrheit ist es genau umgekehrt: Eine Anhebung der Transferleistungen für sozial Benachteiligte wäre nicht bloß gerechter, sondern auch ökonomisch sehr viel sinnvoller, weil diese das zusätzliche Geld sofort in den Alltagskonsum stecken und damit die Binnenkonjunktur beleben würden, statt es zu sparen oder Spekulationsblasen auf den Finanzmärkten zu produzieren.

Ebenso wenig sticht das zunächst plausibel erscheinende Gegenargument der vermeintlichen *Doppel*besteuerung. Denn die Erbschaftsteuer muss keineswegs, wie oft behauptet,[21] aus schon versteuertem Besitz entrichtet werden, da nicht der Erblasser – zum zweiten Mal –, sondern der Erbe – zum ersten Mal – besteuert wird. Die deutsche Erbschaftsteuer ist schließlich keine Nachlass-, sondern eine Erbanfallsteuer, die in gewisser Hinsicht der Einkommensteuer ähnelt. Kurios wirkt daher auch jener zusätzliche Einwand, den Christian Lindner vorbringt, um die Erbschaftsteuer generell zu verwerfen: „Die Besteuerung des Todes ist inhuman."[22] Der amtierende FDP-Vorsitzende übersieht oder unterschlägt nämlich, dass nicht der Tod (des Erblassers) besteuert wird, was in der Tat pietätlos wäre, sondern nur ein dem Erben bzw. der Erbin zugefallenes Vermögen. Es wäre unfair gegenüber Millionen anderen (besitzlosen) Erben, die genauso um ihre verstorbenen Angehörigen trauern, würde der Staat bei Witwen und Waisen von Unternehmern *nicht* im Interesse aller Bürger/innen an einer gesicherten Finanzierung des Gemeinwesens oder an einem raschen Abbau seiner Schulden auf einen Teil des Erbes zugreifen.

---

[20] Antwort der Bundesregierung auf die Kleine Anfrage der Abgeordneten Dr. Barbara Höll, Dr. Axel Troost, Dr. Gregor Gysi, Oskar Lafontaine und der Fraktion DIE LINKE – Drucksache 16/1180 – Belastung des Betriebsvermögens durch die Erbschaftsteuer, 28.4.2006, S. 6.

[21] Vgl. z. B. Lindner (2009, S. 25).

[22] Lindner (2009).

Hatte nicht Lindners Vorvorgänger als FDP-Vorsitzender, Guido Westerwelle, paradoxerweise mit Blick auf Hartz-IV-Bezieher/innen statt mit Blick auf Firmenerben von „anstrengungslosem Wohlstand" und „spätrömischer Dekadenz" gesprochen? Übrigens scheute sich die FAZ im Rahmen ihrer umfassenden Berichterstattung über die Neuregelung der Erbschaftsteuer für Firmenerben nicht, die Verschonungsbedarfsprüfung mit leicht zynischem Unterton als „Hartz IV für Erben" zu bezeichnen.[23] Wie wohltuend sich die Bedarfsprüfung für um Steuerverschonung nachsuchende Firmenerben durch ein Finanzamt von der Bedürftigkeitsprüfung für Arbeitslosengeld-II-Antragsteller/innen durch ein Jobcenter unterscheidet, lässt sich gut daran erkennen, dass Letzteren selbst eine kleinere Erbzahlung in voller Höhe als Einkommen angerechnet und die Transferleistung verweigert bzw. gekürzt wird. Dies gilt auch dann, wenn damit Schulden abbezahlt werden, entschied das Bundessozialgericht in Kassel am 29. April 2015 (Az.: B 14 AS 10/14 R).

Bundesregierung, Parlamentarier und Verfassungsrichter haben sich jahrzehntelang schützend vor die reichsten und mächtigsten Familien im Land gestellt. Während nicht weniger als 1,64 Mio. Kinder unter 15 Jahren (von 10,65 Mio. Kindern dieser Altersgruppe insgesamt) in landläufig „Hartz-IV-Haushalten" genannten SGB-II-Bedarfsgemeinschaften leben, wurden ausgerechnet die Erben der Burdas, Quandts und Oetkers, also die reichsten Kinder des Landes, mit Steuergeschenken in zweistelliger Milliardenhöhe überhäuft. Wenn nicht alles täuscht, hat sich Deutschland durch die von CDU, CSU, FDP und SPD in unterschiedlichen Koalitionsregierungen gesetzlich fixierten Verschonungsregelungen zu einer „patrimonialen Gesellschaft" entwickelt. So nennt der französische Ökonom Thomas Piketty ein Land, in dem die Höhe des „väterlichen Erbes" darüber entscheidet, wer arm und wer reich ist.[24]

Angesichts der Chuzpe, mit welcher manche Unternehmerfamilie die Verschonungsregeln beim Firmenübergang missbraucht hat, um ihren Reichtum ungeschmälert an die nächste bzw. übernächste Generation weiterzugeben, müsste diesem Treiben schnellstmöglich ein Riegel vorgeschoben werden. Unternehmensübergänge sollten künftig nach den allgemeinen erbschaft- bzw. schenkungsteuerrechtlichen Prinzipien behandelt werden, denn jede betriebsspezifische Privilegierung widerspricht dem Gleichheitsgrundsatz. Auch gibt es keinen hinreichenden Rechtfertigungsgrund für eine Begünstigung von Firmenerben, weil sie weder Arbeitsplätze sichert noch die in personaler Verantwortung geführten Betriebe schützen muss.

---

[23] Siehe Hartz IV für Erben und andere Hürden, in FAZ v. 7.7.2015.
[24] Vgl. Piketty (2015, S. 501 ff.).

Fazit und Schlussfolgerungen

Trotz einzelner sozialer Verbesserungen, die vielen Geringverdiener(inne)n und Rentner(inne)n helfen, besser über die Runden zu kommen, hat die 3. Große Koalition im Bereich der Armutsbekämpfung bisher versagt. Während der Koalitionsvertrag, das Rentenpaket und die Mindestlohnregelung zeigen, wie gleichgültig sich CDU, CSU und SPD gegenüber dem Problem wachsender Armut und sozialer Ausgrenzung in Deutschland verhalten, beweist die jüngste Erbschaftsteuerreform, dass sie auch der Konzentration des Reichtums in wenigen Händen tatenlos zusehen, ja die Polarisierung von Einkommen und Vermögen durch ihre Regierungspraxis eher noch vorantreiben.

Nur wenn ein wirtschafts-, steuer- und finanzpolitischer Kurswechsel erfolgt, kann die Bundesregierung einen Beitrag zu größerer Vermögensgleichheit und mehr sozialer Gerechtigkeit leisten. Nötig wären ein allgemeiner gesetzlicher Mindestlohn, der ohne einzelne Personengruppen diskriminierende Ausnahmen und ihn ergänzende Transferleistungen des Staates das soziokulturelle Existenzminimum jedes Beschäftigten garantiert; die Rückkehr zu einem den im Erwerbsleben gewohnten Lebensstandard für alle Ruheständler/innen sichernden Rentenniveau durch Stärkung des bewährten Umlageverfahrens der GRV und Abwicklung der vom Staat mit Steuermitteln geförderten kapitalgedeckten Altersvorsorge (Riester-Reform); der Aufbau einer solidarischen Bürgerversicherung, in die alle Wohnbürger/innen einbezogen sind und in der sämtliche Einkommen möglichst ohne Beitragsbemessungs und Versicherungspflicht- bzw. -fluchtgrenzen verbeitragt werden; schließlich die Schaffung einer sozialen Grundsicherung, die den Namen im Unterschied zu Hartz IV auch verdient sowie armutsfest, bedarfsgerecht und repressionsfrei ist. CDU, CSU und SPD dürften zu einem solchen Um- bzw. Ausbau

© Springer Fachmedien Wiesbaden 2016
C. Butterwegge, *Reichtumsförderung statt Armutsbekämpfung*, essentials,
DOI 10.1007/978-3-658-11454-1

des bestehenden Sozialstaates weder fähig noch bereit sein, wie ihre programmatischen Aussagen, nicht zuletzt die des Koalitionsvertrages, erkennen lassen. Umso stärker sind Gewerkschaften, Kirchen, Wohlfahrtsverbände und globalisierungskritische Netzwerke wie *attac* gefordert, mehr außerparlamentarischen Druck zu erzeugen, der die Regierenden zu tiefgreifenden Sozialreformen zwingt.

Was Sie aus diesem Essential mitnehmen können

- Obwohl die Armutsbekämpfung aufgrund des Sozialstaatsgebotes im *Grundgesetz* zu den zentralen Aufgaben sämtlicher Staatsorgane gehört, haben alle früheren Bundesregierungen unabhängig von ihrer parteipolitischen Couleur die Armut im reichen Deutschland geleugnet, verharmlost und verdrängt, sie jedenfalls nicht als Gefahr für den gesellschaftlichen Zusammenhalt gebrandmarkt, der man konsequent entgegenwirken muss.
- Die gegenwärtigen Regierungsparteien CDU, CSU und SPD waren beim Amtsantritt für die zunehmende Spaltung des Landes in Arm und Reich ebenfalls nicht sensibel, wie ihr Koalitionsvertrag unter dem Motto „Deutschlands Zukunft gestalten" belegt.
- CDU, CSU und SPD verkündeten kaum zwei Jahre nach Bildung der 3. Koalition auf Bundesebene stolz, einen Großteil ihres gemeinsamen Programms für die 18. Legislaturperiode bereits verwirklicht zu haben, die Erfolgsbilanz hinsichtlich der Verringerung und Verhinderung von Armut im wohlhabenden, wenn nicht reichen Deutschland fällt jedoch eher dürftig aus.
- Bis zur Hälfte der laufenden Legislaturperiode war die großkoalitionäre Regierungspraxis ungeeignet, das Problem der sozialen Polarisierung zu lösen und die Armut zu lindern, wie am Beispiel des Rentenpaketes, der Mindestlohngesetzgebung und der jüngsten Erbschaftsreform zugunsten von Firmenerben gezeigt.
- Die von CDU, CSU und SPD vorgenommene Neuregelung bei der Erbschaftsteuer für Firmenerben vertieft die seit geraumer Zeit deutlicher hervorstechende Kluft zwischen Arm und Reich, während die Chance, der öffentlichen Armut (von Ländern und Kommunen) entgegenzuwirken, leichtfertig vertan wurde.

© Springer Fachmedien Wiesbaden 2016
C. Butterwegge, *Reichtumsförderung statt Armutsbekämpfung*, essentials,
DOI 10.1007/978-3-658-11454-1

- Ein wirtschafts-, steuer- und finanzpolitischer Kurswechsel müsste folgende Projekte umfassen: einen allgemeinen gesetzlichen Mindestlohn ohne Ausnahmen; die Rückkehr zu einem den Lebensstandard für alle Ruheständler/innen sichernden Rentenniveau; den Aufbau einer solidarischen Bürgerversicherung; schließlich die Schaffung einer sozialen Grundsicherung, die armutsfest, bedarfsgerecht und repressionsfrei ist.

Literatur

Amlinger, Marc, Reinhard Bispinck und Thorsten Schulten. 2014a. Jugend ohne Mindestlohn? – Zur Diskussion um Ausnahme- und Sonderregelungen für junge Beschäftigte. WSI-Report 14.

Amlinger, Marc, Reinhard Bispinck und Thorsten Schulten. 2014b. Kein Mindestlohn für Langzeitarbeitslose? WSI-Report 15.

Baurmann, Jana Gioia, und Alina Fichter. 2014. Rein in die Absolventenfalle. Der Mindestlohn schafft neue Ungerechtigkeiten – ein Blick in die Medienbranche. Die Zeit v. 24.7.2014.

Birkwald, Matthias W. 2014. Neue Renten, ohne Niveau. *Blätter für deutsche und internationale Politik* 6.

Bongards, Martin. 2004. Hartz IV – Realität des neuen Gesetzes. In: *Die Folgen der Agenda 2010. Alte und neue Zwänge des Sozialstaats*, Hrsg. Holger Kindler, Ada-Charlotte Regelmann und Marco Tullney. Hamburg.

Brenke, Karl, und Kai-Uwe Müller. 2013. Gesetzlicher Mindestlohn – kein verteilungspolitisches Allheilmittel. *DIW-Wochenbericht* 39.

Bruckmeier, Kerstin, und Jürgen Wiemers. 2014. Begrenzte Reichweite: Die meisten Aufstocker bleiben trotz Mindestlohn bedürftig. *IAB-Kurzbericht* 7.

Bundesministerium für Finanzen. Hrsg. 2012. Die Begünstigung des Unternehmensvermögens in der Erbschaftsteuer. Gutachten des Wissenschaftlichen Beirats beim Bundesministerium der Finanzen, November 2011, Berlin, Januar 2012.

Bundesverfassungsgericht. 2014. Urteil des Ersten Senats vom 17. Dezember 2014–1 BvL 21/12, S. 52 ff. https://www.bundesverfassungsgericht.de/SharedDocs/Entscheidungen/DE/2014/12/ls20141217_1bvl002112.html. Zugegriffen: 1.7.2015.

Butterwegge, Christoph. 2012. *Armut in einem reichen Land. Wie das Problem verharmlost und verdrängt wird.* 3. Aufl. Frankfurt a. M.

Butterwegge, Christoph. 2014. *Krise und Zukunft des Sozialstaates.* 5. Aufl. Wiesbaden.

Butterwegge, Christoph. 2015. *Hartz IV und die Folgen. Auf dem Weg in eine andere Republik?* 2. Aufl. Weinheim.

Butterwegge, Christoph, Gerd Bosbach und Matthias W. Birkwald, Hrsg. 2012. *Armut im Alter. Probleme und Perspektiven der sozialen Sicherung.* Frankfurt a. M.

Butterwegge, Christoph, Bettina Lösch und Ralf Ptak. 2016. *Kritik des Neoliberalismus.* 3. Aufl. Wiesbaden.

© Springer Fachmedien Wiesbaden 2016
C. Butterwegge, *Reichtumsförderung statt Armutsbekämpfung,* essentials,
DOI 10.1007/978-3-658-11454-1

CDU Deutschlands, CSU-Landesleitung und SPD. Hrsg. 2013. Deutschlands Zukunft gestalten. Koalitionsvertrag zwischen CDU, CSU und SPD, 18. Legislaturperiode, Rheinbach, Dezember.

Creutzburg, Dietrich. 2014. Kein Platz für Hilfsarbeiter. FAZ v. 18.6.2014.

Der Paritätische Gesamtverband. Hrsg. 2015. Die zerklüftete Republik. Bericht zur regionalen Armutsentwicklung in Deutschland 2014. Berlin.

Dettmer, Markus, et al. 2013. „Großer Knaller". Um sich bei ihren älteren Wählern erkenntlich zu zeigen, bereiten Union und SPD Rentengeschenke in zweistelliger Milliardenhöhe vor. Der Plan dreht die Reformen vergangener Jahre zurück und belastet einseitig die junge Generation. Der Spiegel v. 11.11.2013.

Deutscher Bundestag. 1986. 10. Wahlperiode, Antwort der Bundesregierung auf die Großen Anfragen der Abgeordneten Bueb, Frau Wagner und der Fraktion DIE GRÜNEN – Drucksachen 10/4503, 10/4504 – Armut und Sozialhilfe in der Bundesrepublik Deutschland v. 24.9.1986. *BT-Drs* 10/6055.

Deutscher Bundestag. 2005. 15. Wahlperiode, Unterrichtung durch die Bundesregierung: Lebenslagen in Deutschland – Zweiter Armuts- und Reichtumsbericht, BT-Drs. 15/5015 v. 3.3.2005.

Deutscher Bundestag. 2008. 16. Wahlperiode, Unterrichtung durch die Bundesregierung: Lebenslagen in Deutschland – Dritter Armuts- und Reichtumsbericht, BT-Drs. 16/9915 v. 30.6.2008.

Deutscher Bundestag. 2013. 17. Wahlperiode, Unterrichtung durch die Bundesregierung: Lebenslagen in Deutschland – Vierter Armuts- und Reichtumsbericht, BT-Drs. 17/12650 v. 6.3.2013.

Gillen, Gabriele. 2004. *Hartz IV. Eine Abrechnung*, Reinbek bei Hamburg.

Grabka, Markus M., und Christian Westermeier. 2014. Anhaltend hohe Vermögensungleichheit in Deutschland. *DIW-Wochenbericht* 9.

Hahn, Alexander. 2013. Die Koalition der Generationenungerechtigkeit. Handelsblatt v. 30.12.2013.

Hanesch, Walter, et al. 1994. *Armut in Deutschland. Der Armutsbericht des DGB und des Paritätischen Wohlfahrtsverbandes*, Reinbek bei Hamburg.

Hanesch, Walter, et al. 2000. *Armut und Ungleichheit in Deutschland. Der neue Armutsbericht der Hans-Böckler-Stiftung, des DGB und des Paritätischen Wohlfahrtsverbands*, Reinbek bei Hamburg.

Hauser, Richard, und Werner Hübinger. 1993. *Arme unter uns*. 2 Bd. Freiburg im Breisgau.

Herrmann, Ulrike. 2014. Die Mittelschicht darf zahlen. taz v. 13.1.2014.

Kiziltepe, Cansel, und Ralf Stegner. 2014. Erbschaftsteuer hat Luft nach oben. FAZ v. 15.12.2014.

Knuth, Matthias. 2006. „Hartz IV" – die unbegriffene Reform. *Sozialer Fortschritt* 7.

Lindner, Christian. 2009. Freiheit und Fairness. In: *Freiheit: gefühlt – gedacht – gelebt. Liberale Beiträge zu einer Wertediskussion*, Hrsg. Philipp Rösler und Christian Lindner. Wiesbaden.

Lorke, Christoph. 2015. *Armut im geteilten Deutschland. Die Wahrnehmung sozialer Randlagen in der Bundesrepublik und der DDR*. Frankfurt a. M.

Martin Staiger. 2014. Schröder, Riester, Müntefering: Die Demontage der Rente. *Blätter für deutsche und internationale Politik* 3.

Niejahr, Elisabeth. 2013. Koalition der Alten. Union und SPD betreiben eine schädliche Klientelpolitik: Sie wollen die Mütterrenten erhöhen – auf Kosten der Jungen. Die Zeit v. 7.11.2013.

Oschmiansky, Frank. 2004. Reform der Arbeitsvermittlung (Erhöhung der Geschwindigkeit, einschließlich neue Zumutbarkeit und PSA). In: *Eins zu Eins?, Eine Zwischenbilanz der Hartz-Reformen am Arbeitsmarkt*, Hrsg. Jann Werner und Schmid Günther. Berlin.

Paritätischer Wohlfahrtsverband. Hrsg. 1989. „*… wessen wir uns schämen müssen in einem reichen Land …*". Armutsbericht des Paritätischen Wohlfahrtsverbandes für die Bundesrepublik Deutschland, Stuttgart.

Peter, Gabriele. 1998. Gesetzlicher Mindestlohn für die Bundesrepublik? *Gewerkschaftliche Monatshefte* 2.

Piketty, Thomas. 2015. *Das Kapital im 21. Jahrhundert*. 6. Aufl. München.

Rede von Bundeskanzlerin Merkel anlässlich des Tags des deutschen Familienunternehmens am 12. Juni 2015. https://www.bundesregierung.de/Content/DE/Rede/2015/06/2015-06-15-merkel-familienunternehmen.html. Zugegriffen: 15.7.2015.

Reinecke, Stefan. 2013. Auf Kosten der Mittelschicht. taz v. 14.11.2013.

Ruland, Franz. 2013. Unsolide und teuer. Die Koalition betreibt Klientel- statt Rentenpolitik. Das ist ungerecht und belastet die kommenden Generationen. Süddeutsche Zeitung v. 9.12.2013.

Rürup, Bert. 2014. Alte Fehler in der Rente. FAZ v. 31.1.2014.

Schäfers, Manfred. 2014. Die Erbsteuer. FAZ v. 11.7.2014.

Schmähl, Winfried. 2013. Alterssicherung der Großen Koalition: Kasse macht sinnlich, aber nicht unbedingt klug. *Gesundheits- und Sozialpolitik* 5.

Schmollack, Simone. 2014. „Der Sohn entscheidet". Fast 30 Jahre beriet die Finanzexpertin Härtel-Herrmann vor allem Frauen. Jetzt wendet sie sich an „nette Männer". Warum? taz v. 24.3.2014.

Schneider, Ulrich, Hrsg. 2015. *Kampf um die Armut. Von echten Nöten und neoliberalen Mythen*. Frankfurt a. M.

Schneider, Ulrich, Gwendolyn Stilling und Christian Woltering. 2015. Das zerrissene Land. *Blätter für deutsche und internationale Politik* 4.

Schulte, Ulrich. 2015. Das Phantom. Steuerpolitik: Große Wirtschaftsverbände schlagen Alarm, die Erbschaftsteuer vernichte Unternehmen. Hier der Bericht über die Suche nach einem frustrierten Erben, den das Finanzamt in die Pleite – oder zum Verkauf – der Familienfirma trieb. taz v. 5.5.2015.

Sen, Amartya. 2003. *Ökonomie für den Menschen. Wege zu Gerechtigkeit und Solidarität in der Marktwirtschaft*. 2. Aufl. München.

Stratmann, Simon. 2015. *Armutspolitik in Deutschland – Konzepte und Konflikte im Parteienwettbewerb. Studie zur Parteiprogrammatik seit den 1980er Jahren*. Opladen.

Szydlik, Marc. 2000. *Lebenslange Solidarität? – Generationenbeziehungen zwischen erwachsenen Kindern und Eltern*. Opladen.

van Treeck, Till. 2014. Globale Ungleichgewichte im Außenhandel und der deutsche Exportüberschuss. Aus Politik und Zeitgeschichte. *Beilage zur Wochenzeitung Das Parlament* 1–3.